AF453933

# LE SONGE D'IRUS,

## OU

## LE BONHEUR.

# LE SONGE D'IRUS,

## OU

## LE BONHEUR,

### CONTE EN VERS,

### A JEAN JACQUES ROUSSEAU ;

Suivi de Silveftre, Conte en Profe, de quelques
Apologues, &c.

# A PARIS,

Chez J. P. Costard, Libraire, rue Saint-Jean-
de-Beauvais, la premiere porte cochere au-
deffus du College.

M. DCC. LXX.

*Avec Approbation & Privilege du Roi.*

# AU LECTEUR.

J'AI moins fongé au nom d'auteur, qu'à raffembler d'utiles & intéreffantes vérités. Toutes celles que je préfente ne paroîtront pas neuves ; &, quoi que j'aie auffi penfé par moi-même, on n'aura pas de peine à retrouver ailleurs bien des maximes éparfes dans ce petit volume. Il fuffit qu'elles ne foient pas triviales, & je doute que des vérités toutes neuves fuffent fort utiles. La nature n'a point attendu fi tard à nous inftruire de ce qu'il nous importe de favoir. Il ne s'agit que de tracer nettement ou de rappeller des principes que nous

4

avons oubliés, ou que nous ne faifons que fentir, & qui font plus d'impreſſion & paſſent plus aifémemt au bout d'un conte. On cite plus volontiers la maxime en citant la fable.

On dira que mes fables n'en font pas fouvent. C'eſt pour cela qu'à peine leur ai - je donné un titre. Aucun Fabuliſte d'ailleurs ne s'eſt aſſujetti à ne faire parler que des animaux; la Fontaine met quelquefois en vers un trait d'hiſtoire, ou même une ſimple réflexion morale. Sont-ce des fables que *la jeune veuve, le Payſan du Danube, le mot de Socrate faiſant bâtir, rien de trop,* &c? Mais pour ſe mettre auſſi au-deſſus des regles, il faudroit ſans doute avoir le génie de ce grand-homme & ſes graces, je ne dis pas inimitables, mais qui n'ont gueres reparu depuis ce charmant Auteur. Là-deſſus donc je paſſe condamnation ſi l'on veut.

On dira auſſi que je ne me ſuis gueres arrêté où il auroit fallu. Une vérité en amenoit une autre que j'ai dite de ſuite.

Au reſte, j'abandonne ſans inquiétude ces productions à la cenſure du Public. Si je plais, je n'en ferai pas fâché; ſi je ſuis utile, je me croirai très-heureux; &, quel que ſoit le ſuccès, je n'en ferai ni plus vain ni plus humilié. J'eſpere que les ſuffrages ou la cenſure ne l'emporteront jamais dans mon cœur ſur le ſentiment de ma bonne intention, & je ne me ſouviendrai pas ſans plaiſir des paiſibles momens que j'ai donnés aux Muſes, quoique je regrette de n'avoir pas mieux employé mon temps. Je ne ſais pourtant ſi c'eſt tout-à-fait ma faute, & qui me connoîtroit bien pourroit me trouver excuſable.

On ne doit pas plus ſe glorifier de ſon eſprit, que de la couleur de ſes cheveux; & nous n'avons rien fait davantage pour avoir, ou non, du génie, que pour être blonds ou bruns. Ce qui dépend de nous, c'eſt de faire un bon uſage de nos talents, ſi nous en avons, d'être vrais, & de tendre à la vertu. La vanité ne tourmente que les ſots; &, ſi je l'ai été, je ne veux plus l'être.

J'aurois dû travailler davantage ces opuſcules. Si je ne l'ai pas fait, ce n'eſt pas que je manque de reſpect pour le Public. Je ſouhaite que le genre d'écrire que j'ai choiſi puiſſe ſervir d'excuſe à ma négligence.

## A J. J. ROUSSEAU.

DAIGNEZ, je vous prie, agréer l'hommage public que j'aimé à vous rendre. C'est fur-tout chez vous que j'ai puifé la morale que j'ai repandue dans ce recueil. Sans adopter tous vos fentimens, je défie tout homme honnête, impartial & fenfé de ne pas diftinguer & chérir la pureté de vos principes, & de ne pas confidérer votre perfonne. L'amour du bien qui brille dans vos écrits, le fentiment qui les échauffe, leur profondeur enfin, & la franchife qui les a dic-tés *, tout cela vous concilie plus de

___

* Quoique la foibleffe humaine fe faffe illufion à
cœurs

cœurs que vous ne penſez peut-être ; & les gens les plus obſtinés à vous décrier ſont ceux qui vous ont lu le moins. O Grand-Homme ! malheur à qui ne ſent point combien vous êtes ſublime & touchant ! & que je plains l'ame ſtupide, s'il en eſt, qui ne s'é-leve ni ne s'émeut à la lecture de vos immortels ouvrages !

Permettez - moi quelques ré-flexions. Je les offre au vengeur de la Divinité. Votre raiſon, animée par le ſentiment, a déconcerté le maté-rialiſme. Eh ! peut-il étouffer le cri de la nature !

Ce peuple Juif m'étonne. Plus je

---

elle-même, & ſéduiſe quelquefois l'homme le plus ſincere ; obſervation que je n'oſe vous faire qu'en héſitant, & tout prêt à me la reprocher.

le vois groffier & méprifé, & plus je fuis furpris de ne trouver que chez lui les idées les plus faines, le plus conftamment & le plus univerfellement reconnues, de la Divinité & de la vertu. Les fuperftitions des Juifs n'ont été que paffageres, & toujours ils font *unanimement* revenus à l'adoration d'un feul Dieu.

La vertu fuccombe quelquefois fans doute, & le Sage tombe dans le vice : mais les idées qu'il a du bien & du mal ne fe contrarient point, lors même que fa conduite fe dément ; il rejette toutes les maximes vicieufes, plus redoutables que les mauvaifes actions, comme vous l'avez remarqué. Toute la morale du Décalogue eft pure & plus complette que bien des traités de philofophie. Or eft-il un feul Sage payen dont la doctrine n'ait été mêlée de quelques erreurs frappantes? Quelquefois elles étoient monftrueufes & accompagnées de vices révoltans. Je puis vous citer Trajan, dont l'ame étoit fi belle d'ailleurs. La morale même de Socrate étoit - elle toujours pure? J'admire Marc-Aurele; il aimoit le bien pour le bien, & je fuis très-éloigné de chicaner la chafteté de Scipion : mais la vertu de ces grands hommes, par cela même qu'elle eft plus brillante, ne pourroit-elle pas le céder aux vertus obfcures des deux Tobies & de bien d'autres? Vous nous dites fi bien vous-même encore que les vertus privées font les plus difficiles, & par conféquent les plus sublimes. Trouvez-vous aux vertus payennes ce caractere de sainteté, qui rapporte tout à l'Etre Suprême ?

L'éloge admirable & vrai que vous faites de l'Evangile nous ramene encore au peuple Juif. Jésus-Christ étoit Juif, & je vois les deux Religions se confondre ; les deux n'en font qu'une. Cet état des Juifs, toujours dispersés & jamais confondus, n'est-il pas bien plus étonnant d'ailleurs, que celui d'un peuple ou deux qu'on dit être dans le même cas ? Vous voyez où je veux en venir.

Je sens la foiblesse de ma raison. Est-elle donc suffisante ? Que de peuples, que de grands hommes elle a égarés ! Parmi les erreurs & les ab-

furdités univerfelles, à peine quelques Sages ont-ils pu atteindre à quelques vérités, en s'accrochant à des
fyftêmes pernicieux ou tout au moins
ridicules *. Le Chriftianifme feul
offre des vérités fans mélange, &
toutes nos difputes ne fauroient al-
térer la fimplicité de l'Evangile. C'eft
la plus fublime, la feule philofophie;

---

* Vous voyez qu'ici je parle fur-tout de la fimple
morale. Quant à la révélation, vous avez fait une
réponfe dont voici le fens. Les hommes ne font
tombés dans cette foule d'extravagances, que parce
qu'ils on voulu des révélations à toute force. De-là
tant d'enftouliaftes, de vifionnaires ou de fourbes.

Mais n'appercevez - vous pas une révélation fi
fupérieure aux autres, qu'elles ne peuvent foutenir
le parallele? Toutes font abfurdes, une feule eft
fublime & pure. Celle-ci ne feroit-elle pas la premiere, ou plutôt l'unique où nous devons remonter
& recourir?

Vous m'avouerez bien qu'il eft plus vraifemblable
que l'homme ait défobéi à Dieu, qu'il n'eft poffible
qu'il ait dérobé le feu du Ciel, par exemple.

14

&, malgré les nuages de ces temps
orageux, & mon inquiétude peut-
être naturelle, mon esprit, autant
que mon cœur, m'entraîne vers la
Religion de mes Peres *.

Quand la vérité se montre avec tant d'éclat, doit-
on en bonne logique s'effrayer des objections ? On
en fait contre l'évidence même.

* « Nul n'est excusable, dites-vous, de ne pas
» lire dans le livre de la nature, parce qu'il est ouvert
» à tous les yeux, & qu'il parle une langue intelli-
» gible à tous les esprits. Quand je serois né dans
» une île déserte, .... *si j'exerce ma raison, si je la
» cultive,* si j'use bien des facultés immédiates que
» Dieu me donne, j'apprendrois de moi-même à la
» connoître, à l'aimer, à aimer ses œuvres, à vouloir
» le bien qu'il veut, & à remplir, pour lui plaire,
» tous mes devoirs sur la terre .... »

Cependant, selon vous encore, « l'homme dans
» l'état de nature seroit borné au seul physique ; ses
» idées n'iroient pas plus loin que les besoins de
» l'animal » : or, vous dirai je, qu'est-ce qu'un homme
né dans une île déserte, sinon l'homme dans l'état
de nature, & qui par conséquent n'exercera jamais
sa raison, ni ne pourra l'exercer ? « Rien de si pa-
» resseux que l'homme sauvage, toujours selon vous;
» la moindre contention d'esprit est tout-à-fait in-

Homme vrai, voyez du moins ma candeur. Je ne crains point les ris de nos Agréables; & fi vous riez vous-même, ce fera d'un rire tout différent, dont je ne pourrai m'offenfer, & qui ne reffemblera point à celui d'un homme auffi célebre par fes écarts, que par fon beau génie. Quand je mets à côté de votre morale les farcafmes qu'il vous lance, je rougis pour lui de la comparaifon, & je fens, mieux que jamais, quel cas on doit faire de la réputation. Il faut

---

» compatible avec fon inftinct «. Il eft donc impof-fible que cet homme-là raifonne jamais, & vous voilà réduit à dire qu'il eft des cas où l'on ne peut *exercer fa raifon*, où l'on ne peut lire dans le livre de la nature, où l'on n'eft point coupable de n'y avoir pas lu, où l'on ne peut jamais connoître Dieu, un Etre *Infini*, *Eternel*, que l'homme même le plus inftruit & le plus pénétrant ne peut concevoir, quoiqu'il le voye par-tout.

recourir à votre maxime, que *la con-*
*science du jufte lui tient lieu des louan-*
*ges de l'Univers.* J'en ai fait ufage
dans mes fables ; puiffé-je mériter de
me l'appliquer à moi-même !

Vous n'êtes pas le feul à qui je
doive l'aveu que je viens de vous faire.
A peine ai-je lié connoiffance avec
vous, à peine ai-je eu le plaifir de
vous voir ; mais on fait que je chéris
votre perfonne & vos écrits. On faura
auffi que je puis rechercher l'eftime
d'un grand homme fans penfer toujours comme lui ; & je n'en rabattrai
rien du refpect ni de tous les fentimens que je vous dois.

# LE SONGE D'IRUS,

## OU LE BONHEUR.

### A JEAN-JACQUES ROUSSEAU.

Bonheur, Divinité qu'on cherche & qu'on
    ignore,
      Où sont tes Temples, tes Autels?
Brilles-tu chez les Rois, où souvent l'on t'implore?
Ou bien te caches-tu chez de simples mortels?
Préferes-tu les champs au fracas de la Ville?
Daignes-tu visiter nos Pénates d'argile?
Ou n'as-tu donc enfin de séjour affecté
      Que chez la médiocrité?

A

# LE SONGE D'IRUS,

Ainsi parloit Irus, s'endormant sous un chêne,
Irus, le pauvre Irus, de fatigue accablé.
　　　Les Dieux, pour soulager sa peine,
Envoyerent ce songe au dormeur désolé.


Il vit d'abord un Roi qui d'une Cour brillante,
Et d'un Peuple nombreux, étoit environné.
On vantoit sa valeur, son regne fortuné ;
On bénissoit sur-tout sa douceur bienfaisante :
Image de Louis, au fond des cœurs vivante.
　　　On portoit son nom jusqu'aux Cieux.
　　　Il entroit dans sa capitale,
　　　Triomphant, chéri, glorieux,
Et marquoit à chacun sa bonté libérale.
　　　Irus en étoit enchanté.
Quelle grace ! dit-il, & quelle majesté !
　　　De la félicité suprême
　　　Ce Roi doit goûter les appas ;
　　　Par-tout on le révere, on l'aime.
Oh ! voilà l'homme heureux, ou bien il n'en est
　　　pas.
S'il est doux & flatteur d'avoir un ami tendre,

Quelle eſt la pure volupté

D'un Prince auprès de qui tous les cœurs vont ſe

rendre !

On arrive au Palais , on entre en liberté.

Au Peuple, comme aux Grands, le Monarque acceſ-

ſible ,

Pour tous ſes Sujets fut viſible ,

Et bien-tôt il ſe mit à table avec ſa Cour.

L'allégreſſe régnoit dans ce brillant ſéjour :

Un cri du Roi la trouble. On s'empreſſe , & tout

change.

On tranſporte le Prince. Or d'une goutte étrange

C'étoit un accès violent.

Ce bon Roi méritoit un bonheur ſans mélange ,

Diſoit Irus en s'en allant.


Autre ſcene. Il parut un jeune & beau Sultan,

Il n'avoit point la goutte. Une jeune Maîtreſſe

Et les plaiſirs de toute eſpece ,

Se raſſembloient autour de lui :

Il paroiſſoit pourtant accablé de triſteſſe,

Et cette foule enchantereſſe

A ij

Ne pouvoit charmer son ennui.
On enfonce la porte; ô terrible spectacle!
Le Peuple, au même instant, transporté de fureur;
Déchire le Sultan sans rencontrer d'obstacle.
Meurs, Tyran, crioit-on, pour prix de ta rigueur.
    Le pauvre Irus, saisi d'horreur,
    Voit la Favorite elle même
    Insulter, dans sa rage extrême,
De cet infortuné les restes palpitants.
    Ainsi périssent les méchants,
Pensoit Irus; leur fin est toujours déplorable.
    Sans doute cet homme est coupable.
Le bonheur n'est pas fait pour de pareilles gens.


    Irus ne vit plus rien, qu'une Vieille édentée,
    Petite, maigre & fort voûtée,
Qui s'approchant de lui, le tirant brusquement,
    Regarde-moi bien, lui dit-elle....
    Je vous regarde assurément.....
    Hé bien! réplique l'Eternelle,
    Tu vois le bonheur, mon enfant:
    Ecoute une histoire assez belle.

Un beau jour, que j'avois quinze ans,

Mon pere me difoit ; ma fille,

Je vous veux marier ; vous êtes fort gentille.

Tout comme il vous plaira, lui dis-je en même

temps.

Le prétendu, ma fille, eft riche.... Bonne affaire,

M'écriai-je auffi-tôt.... Il n'eft pas jeune au moins...

Qe m'importe ? C'eft-là le moindre de mes foins....

Il eft un peu boffu.... Bagatelle, mon pere.

J'époufai le bon-homme ; &, comme vous voyez,

A mes difcours peu châtiés,

Je femblois fort indifférente.

Mais vous allez favoir quel étoit mon plaifir.

Mon cher mari vit bien que j'étois dominante,

Acariâtre , impertinente.

Il avoit fans doute à fouffrir.

Je fus fi defpotique , & j'eus tant de caprices,

Je fus fi dévote fur-tout * ,

Je fis jouer tant d'artifices,

---

* De cette dévotion d'autant plus inexplicable , qu'elle eft plus
commune , & dont les hommes font quelquefois métier comme les
femmes.

Que du pauvre benêt bientôt je vins à bout.

Il mourut. Un douaire immenfe

Soudain me confola. Je fais toujours bombance,

Et je gouverne abfolument

Un fils digne du pere, efpece d'imbécille,

Et ma vieille fervante, en tout point fort docile.

J'aime mon perroquet, mon finge infiniment ;

Deux animaux qui me font croire

Que j'ai peut-être un cœur. Et voilà mon hiftoire.

Je vous admire, en vérité ,

Dit Irus ; quelle tête ! & quelle adreffe extrême !

Madame, vous deviez commander au fort même.

Je n'envîrai jamais votre félicité ;

Elle eft digne d'un tigre , & nom d'une ame hu-

maine.


La Vieille difparut. Irus vit une plaine

Que bordoit un riant côteau ,

Et fur le penchant un hameau ,

D'où fortit un Berger conduifant fa Bergere,

Tous deux parés de fleurs, & vêtus proprement,

Couple fimple , tendre & charmant,

Qu'on venoit d'unir à l'inſtant.

Les habitants ſuivoient, côtoyant la riviere

Qui baignoit ces bords enchantés.

Un eſſain de jeunes Beautés,

Tous les Bergers du voiſinage,

Invités à ce mariage,

Souhaitoient aux Epoux mille félicités.

Irus, qui contemploit cette agréable fête,

Vit ſous quelques ormeaux la table toute prête.

On lui dit de s'aſſeoir ; il s'aſſit ſans façon,

But ſouvent & long-temps, fit aſſez bonne-chere,

Danſa, puis conduiſit le couple à la maiſon.

C'étoit plutôt une chaumiere,

Où l'on ne voyoit qu'un vieux lit,

Quelques meubles uſés ; triſte & ſombre réduit

Du travail & de la miſere.

A ſon voiſin Irus diſoit tout bas :

Ami, je ne m'attendois pas

A trouver un ſi pauvre aſyle,

Après un auſſi bon repas.

Camarade, lui dit le voiſin fort tranquille,

Dès demain tu verras travailler ces Epoux ;

Leurs enfants ainſi qu'eux feront tous miférables.
  Eh! pour qui nous conſumons-nous?
  Pour des hommes infatiables,
  Voluptueux, impitoyables,
  Qui nous font ſouffrir mille maux.
  On nous accable ſans relâche;
C'eſt toujours la corvée, & toujours les impôts;
Nous arroſons de pleurs le pain qu'on nous arrache.
Irus épouvanté, pénétré de douleur,
Dit: je croyois ici rencontrer le bonheur.

  Il vit une maiſon d'aſſez bonne apparence;
Un Vieillard tout auprès: ſon air de bienfaiſance,
  Sa longue barbe, ſa fraîcheur
Inſpiroient du reſpect & de la confiance.
Irus le ſaluant lui parle avec candeur.
  Mon ami, voici ma retraite,
  Dit le maître de la maiſon.
Je goûte dans ces lieux une douceur parfaite.
Je vis avec ma femme en fort bonne union.
Je fais valoir mon bien; nous travaillons enſemble,
  Mon fils, mes deux filles & moi.

Je

Je reçois bien les gens; il ne tiendra qu'à toi
    De l'éprouver, si bon te semble.
J'aime vos sentiments, lui répondit Irus.
    Vous devez bien chérir la vie !
Assez, dit le Vieillard : je suis pourtant confus
    De voir mon voisin qui marie
    Sa fille au Seigneur du canton.
Je voudrois égaler ce voisin que j'envie;
Il n'est pas plus que moi. Sans cette fantaisie,
    Dit Irus à ce fanfaron,
Je vous croyois heureux ; eh ! qui le fera donc ?
Je suis venu trop tard, mais je m'en félicite;
Vous n'êtes pas mon homme... Et soudain il le quitte.


    Près de là certain gros garçon
    Ronfloit étendu de son long.
    Irus s'en approche, & l'éveille.
    C'étoit un rustre vigoureux.
    Que faites-vous là, dit ce gueux ?
Mon ami, dit Irus, tu dormois à merveille;
    Mais ne puis-je pas te servir ?...
    Que ne me laissiez-vous dormir ?...

Je n'ai befoin de rien; paffez, je fuis le vôtre.
Oh! oh! reprit Irus, je conviens que j'ai tort.
Tu me femblois, l'ami, plus à plaindre qu'un autre;
  Je te vois charmé de ton fort.
  Oui, mon cher; quoique je mendie,
  Sans chagrin je paffe la vie.
  Je ne fais rien, je vis fans foins.
  Alors, fe croyant fans témoins,
  Et d'Irus regardant la poche,
  Il vit une bourfe de cuir,
  Dont le cordon vouloit fortir.
  Le frippon doucement l'accroche.
  Auffi-tôt certains hommes bleus
  Viennent fe montrer derriere eux;
  On prend le coquin, on l'enchaîne,
  Et fans tarder on vous l'entraîne.
Hélas! difoit Irus, en plaignant ce malheur,
Quel chemin as-tu pris pour aller au bonheur!

  Mais quelle image attendriffante
  Vient émouvoir notre fongeur!
  Une femme jeune & mourante

Offre un spectacle de douleur.

Ses regards presque éteints fixent avec tendresse

Un homme qui voudroit renfermer sa tristesse.

Il tâche d'écarter par ses discours touchants

    Les horreurs des derniers instants.

Ton courage, dit-il, égale ta sagesse ;

Ose considérer le suprême bonheur,

Chere Epouse ; il t'attend ; il est la récompense

    Des vertus & de l'innocence ;

Il commence déjà dans le fond de ton cœur.

Nos ames, je le crois, à jamais réunies

Bientôt partageront des douceurs infinies.

Ah ! ne regrettons plus notre félicité.

La plus durable, hélas ! n'est pas moins passagere.

    Je vois briller l'Eternité....

    Je reste un moment sur la terre

Pour ces enfants chéris, gages d'un pur amour.

    Images d'une tendre mere,

    Et, je m'en flatte, je l'espere,

Je vole te rejoindre au céleste séjour.

Je sens mieux que jamais combien je te suis chere,

    Dit l'Epouse avec fermeté.

Ah ! dans ta senſibilité
Tu puiſes cette force intrépide , héroïque ;
Que ton diſcours me communique.
Inſpire-les à nos enfants ,
Ces grands & rares ſentiments !
Quelquefois de ceux d'une mere
Daigne auſſi leur parler.... puiſſent-ils de leur pere
Egaler la vertu !... Grand Dieu ! je m'affoiblis... ,
Laiſſe-moi , digne Epoux , faire le ſacrifice
De ces objets que je chéris.
L'éternité s'approche.... Ah ! Dieu ſera propice
Aux vœux que je ferai pour vous.
Le reſpect, la douleur s'emparent de l'Epoux.
Il quitte cette main , déjà froide , glacée ,
Et qu'il vient de ſerrer pour la derniere fois ;
Et tandis que la mort exécute ſes loix ,
Il dit encore adieu des yeux , de la penſée.
Il s'éloigne enfin à pas lents ,
Verſe un torrent de pleurs , embraſſe ſes enfants.
Bientôt il les conduit à la fatale biere ,
Se proſterne avec eux , & la famille entiere ,
Le regret, la mort dans le cœur ,

Embraſſe avec reſpect l'objet de ſa douleur.

On l'emporte à la fin. Irus verſa des larmes *.

O ſpectacle à la fois cruel & plein de charmes !

Qui pourroit, diſoit-il, reſpectables Epoux,

S'arracher l'un à l'autre & s'aimer comme vous ?


Il apperçut un hermitage

A travers un épais ombrage,

Humble & ſolitaire maiſon,

Qui dominoit au loin ſur un beau payſage,

Sur le plus riant horiſon.

Irus, trouvant la porte ouverte,

Entre, ne voit perſonne; il ſort, parcourt ces lieux,

Et fait enfin la découverte

D'un homme ni jeune ni vieux,

Qui, plongé dans la rêverie,

Se promenoit avec lenteur

Sous des tilleuls dans la prairie.

Il voit le pauvre Irus, l'accueille de bon cœur.

Pourquoi, dit Irus, je vous prie,

_____________________________________

* Je n'étois pas moins ému en écrivant _cette hiſtoire._

Ai-je trouvé chez vous un si facile accès?
          Tout est ouvert. C'est mon usage,
Dit l'autre ; n'allez pas me faire de procès.
Ce Romain, à mon sens, étoit honnête & sage,
          Qui prétendoit que sa maison
          Fût faite de telle façon
          Que l'on vît tout dans son ménage.
Que ne m'est-il permis d'employer son langage!
Ce discours intéresse Irus le curieux.
Il admire déjà ce grave personnage.
          Des éclairs partoient de ses yeux.
Un manuscrit ouvert sur un banc de verdure,
          Un air rempli d'humanité,
Et la prudence unie à la vivacité,
          Sur-tout une morale pure,
Tout annonce un grand-homme. Irus ainsi l'augure.
Vous méritez, dit-il, de fixer le bonheur.
          Plût au Ciel! dit le Solitaire;
Je voudrois confirmer ce préjugé flatteur.
J'aime du moins le vrai, voilà mon caractere;
Je me fis un devoir d'écrire sans mystere.
On rebuta bientôt mes tristes vérités;

Je n'ai qu'un nom célebre, & des infirmités ;

  Et des malheurs pour récompenfe.

Si je puis me tromper, je dis ce que je penfe ;

Je fuis toujours fincere, & j'applique du moins

A venger la vertu mon travail & mes foins.

  Mais, hélas! qui s'occupe d'elle ?

A me calomnier chacun marque fon zele.

  Un beau jour certain inconnu,

  Et qui ne m'avoit jamais vu,

  Dit aux autres, en ma préfence,

  Que je niois la Providence,

  Moi, qui l'adore tous les jours,

  Qui bénis fon divin fecours,

Et qui, dans mes plaifirs comme dans mes difgraces,

  Sens fes leçons & fes faveurs.

  Mais par-tout l'on trouve des traces

  De l'injuftice & des noirceurs.

  Peu tenir aux chofes humaines,

  Point du tout à l'opinion,

  Faire le bien, malgré mes peines,

Et ne nuire jamais, c'eft mon ambition.

  Des hommes je ne me plains guere ;

Maintenant mon unique affaire

Est de chérir l'obscurité.

Elle vaut mieux cent fois que la célébrité ;

Et le devoir sur tout doit l'emporter sans cesse.

Irus embrassa tendrement

Cet éleve de la Sagesse,

Qui disparut dans le moment.

Au grand regret d'Irus, le plus épais nuage

Confondit & brouilla cette sublime image.


Irus enfin se vit tout-à-coup transporté

Dans le Temple de la Justice,

Où souvent par maint artifice

On déguise la vérité.

Un homme plein de probité,

Un Avocat dont la science

Egaloit la vraie éloquence,

Se plaignit d'un abus sans cesse accrédité,

Qui fait que le plaideur dépense,

Pour le plus mince objet, plus d'une somme immense.

Comme on admiroit l'Orateur,

Et son discours plein de vigueur,

Une

Une nouvelle scene irrite mon pauvre homme,
En s'offrant tout-à-coup à ses regards surpris :
    Il croit être dans le logis
    De cet Avocat qu'on renomme ,
Ou plutôt chez sa femme. Un fort jeune Officier
Se glissoit doucement près du lit de Madame,
Qui s'éveilloit à peine , & d'un air familier
Il lui couvroit la main d'un baiser tout de flamme.
Madame laissoit faire, & disoit seulement
    D'une voix foible : Ah ! cher enfant,
    Je ne puis donc vous rendre sage !
Le bon Irus faisoit bien des réflexions.
    Quoi ! c'est donc afin qu'on l'outrage
Que l'honnête Robin use tous ses poulmons,
Après avoir pâli sur maint & maint ouvrage !
Comme Irus se livroit aux méditations ,
    L'Avocat rentre, & l'Officier s'envole,
    Et Madame embrasse Monsieur,
    Il est heureux, sur ma parole ;
    Cet homme loge le bonheur ,
Disoit le pauvre Irus dans le fond de son ame ;
    Il croit qu'on l'aime. Homme d'honneur ,

C

Rends bien des graces à ta femme
De fa fourbe & de ton erreur.


Irus vit encore paroître
La ville du bon Prince. Il n'y vit plus le Maître,
Mais le plus rare des objets.
Il avoit une forme humaine.
Sans être homme ni femme, il en avoit les traits.
Quel étoit donc fon fexe ? Avec beaucoup de peine
Irus ne put le deviner;
Je n'en fais rien non plus, n'allez point chicaner.
Deux ailes en tous lieux tranfportoient ce fantôme.
Jamais en place il ne reftoit,
Et l'afyle des Grands fouvent le rebutoit,
Du Pauvre il effleuroit les retraites de chaume;
La médiocrité quelquefois l'arrêtoit.
Il s'approche d'Irus, lui dit tout bas; écoute.
Rien ne me fixe, Ami; je fuis toujours ma route.
Modere tes defirs, conferve ta fanté,
Travaille pour le néceffaire,
Sois jufte, dis la vérité;
Chez toi de temps en temps je pourrai bien me
plaire.

Tous les foibles Mortels font égaux à mes yeux.

Quoique je fois par tout, aucun d'eux ne m'attache ;

Car la fanté, la paix, l'aifance, que je fache,

N'habitent guere enfemble en ces profanes lieux.

Dès que l'un d'eux me quitte, auffi-tôt je m'envole.

Ce n'eft que dans les Cieux que tu m'embrafferas.

Si tu fuis mes confeils, tu m'en remerciras ;

    Abandonne tout foin frivole.

    On n'achete point le plaifir.

    Rapproche-toi de la nature ;

    Etouffe maint fougueux defir,

    Pour t'épargner un vain murmure.


Irus, bien éveillé, médita ce difcours.

    Le pauvre homme prit fa cognée,

    Travailla toute la journée,

    Et continua tous les jours.

Ce fut bien fait à lui : car, bien qu'il eût pris femme

D'une humeur difficile, il fut affez heureux,

    Grace à ce fonge officieux.

J'en fouhaite un pareil, du meilleur de mon ame

    A plus d'un Epoux foucieux.

C ij

Vous , dont mon cœur toujours recherchera
l'estime ,

Vous , dont la morale sublime

Fait honneur à l'Humanité ,

O Grand Homme ! vous puis-je offrir mon foible
ouvrage ?

Peut-il mériter le suffrage

De l'Ami de la vérité * ?

---

* On peut être sincere & très-ami de la vérité sans la trouve r
toujours. J. J. Rousseau l'a dit avant moi.

# SILVESTRE.

*Ce n'est pas tout-à-fait un Conte.*

L'homme est de glace aux vérités ;
Il est de feu pour les mensonges.

Il y avoit dans une petite ville de France un jeune homme plus distingué par ses qualités personnelles que par sa fortune. On l'appelloit Silvestre. Né de parens obscurs, quoiqu'ils portassent un grand nom, il fut élevé dans une heureuse simplicité. Il avoit reçu de la nature une ame sensible avec une figure intéressante. Elle promettoit de l'esprit & des mœurs, & plus on connoissoit Silvestre, plus on l'estimoit. Sa mere étoit morte, & ne lui avoit laissé pour héritage que l'exemple de ses vertus. Son pere étoit pauvre, & plus d'une fois l'opulence enchantée étoit venue admirer, sous l'humble toit de ce bon vieillard, l'indigence & la probité. Mon fils, disoit-il un jour à Silvestre, il s'en faut bien que je ne sois riche ; mais le travail & la modération ont bien des ressources. S'ils ne m'ont pas acquis d'inutiles & dangereux tréfors, ils m'ont foutenu dans la médiocrité ; &, loin d'avoir rien attendu des hommes, j'ai goûté ce plaifir fi doux & fi pur d'être utile à plufieurs. Mon cher Silveftre, fois toujours honnête, frugal, laborieux & bienfaifant ; les fources du bonheur font en toi-même. Conferve précieufement ta propre eftime ; c'eft un bien que ne peuvent nous ravir le fort ni les méchans.

Mais, ajoûta ce tendre pere, il eft un fecret important que je dois te confier. Ecoute, mon cher fils. Si jamais tu peux oublier qu'il fuffit d'être homme pour fentir l'obligation de fe refpecter foi-même *, apprends que ton origine eft illuftre, & que tu dois honorer la mémoire de tes ancêtres. Les titres & les biens qu'ils avoient laiffés à mon pere furent perdus dans le cours de ces guerres inteftines qui dans le dernier fiecle défolerent la France : mais, dépouillés de notre ancienne opulence, nous gar-

---

* Un petit vilain gentilhomme de province trouvoit une figure ignoble à fes enfans, & il s'en prenoit à fa femme, roturiere & moins laide que lui. Affurément cet homme-là eût trouvé bien bourgeoife la façon de penfer du pere de Silveftre.

derons toujours l'honneur , & la Providence peut nous rendre un jour ce que nous a ravi l'injuſtice des hommes. Je vis ignoré depuis long-temps; imite ma diſcrétion , mon cher Silveſtre. Que ſert un grand nom ſans fortune ? C'eſt preſque toujours un ridicule. A peine daigneroit-on nous plaindre, ſi nous étions connus.

Ces leçons , confirmées par l'exemple de celui qui les donnoit , faiſoient de vives impreſſions ſur l'eſprit du jeune homme , & développoient dans ſon cœur le germe heureux des vertus. Il avoit à peine vingt ans ; ſon pere voyoit avec joie les inclinations naiſſantes de ce fils chéri , & s'en promettoit un avenir conſolant & flatteur , lorſqu'il fut frappé d'une maladie cruelle , qui bientôt le mit au tombeau.

Le bon naturel de Silveſtre fait ſuffiſamment préſumer quel fut l'excès de ſa douleur. Privé du meilleur des peres dans un âge où il lui étoit ſi néceſſaire, il ne lui reſtoit que quelques connoiſſances, très-peu capables de modérer ſon affliction. Jeune , ſenſible , livré à lui-même, il ſe croyoit abandonné de la nature entiere ; fon indépendance l'allarmoit ; il trembloit enfin de ne plus tenir à rien.

Son éducation un peu fauvage, la vivacité de fon imagination , fon extrême fenfibilité lui préfen-toient fon malheur fous une face effrayante. Bientôt il jugea des hommes par quelques particuliers dont il eut à fe plaindre. L'Humanité fe couvrit à fes yeux d'une noirceur affreufe. O mon pere! s'écrioit-il, la juftice & la candeur n'habitent plus fur ce mal-heureux globe; elles en ont difparu avec toi : ce tombeau les renferme avec ta cendre, ou plutôt ton ame pure les a fuivies dans les Cieux.

Plein de ces accablantes idées, il fe déterminoit à quitter le monde, lorfqu'il fe reffouvint d'un ami qu'avoit eu fon pere. Ah! s'il exiftoit encore, dit-il en foupirant, fans doute il accueilleroit avec joie le fils d'un homme dont il doit chérir la mémoire. Il vivoit avec fa femme & fes enfans dans une cam-pagne à quelques lieues d'ici. J'ai vu fouvent ces heureux & fages villageois travailler eux-mêmes leur champ ; & la terre me fembloit plus fertile,

cultivée

cultivée par ces vertueuſes mains *. J'irai, oui, j'irai les trouver; je ne leur ferai point à charge. J'ai peu de fortune, mais je ſuis ſobre & j'ai de la ſanté. Je partagerai les travaux de ces reſpectables amis. Raſſûre-toi, pauvre Silveſtre; tu vas revoir le bonheur & la vertu.

Il part, il arrive, il voit ces bonnes gens le recevoir comme un enfant chéri. Il mérita bientôt toute leur confiance, & leur devint extrêmement utile. Il n'avoit garde de rougir du travail de ſes mains; il aimoit un exercice qui le rendoit cher à ſes hôtes, & dont ſa ſanté ne ſe trouvoit que mieux. Je ſuis reconnoiſſant & juſte, diſoit-il; j'ai des amis eſtimables, ils étoient ceux de mon pere; je jouis du ciel & de la terre; j'ai la paix de l'ame & les forces du corps: ſans doute il y a bien des hommes à qui mon ſort feroit envie. Une ſituation ſi douce n'eſt gueres le partage des riches ni des grands.

C'eſt ainſi que Silveſtre tâchoit de ſe conſoler. Ses hôtes l'aimoient toujours de plus en plus; il

---

* Montesquieu.

avoit pour eux le refpect & la tendreffe d'un fils. Ils remarquerent l'intelligence du jeune homme; ils le confulterent fur leurs affaires , & ils n'eurent pas moins à fe louer de la jufteffe de fon efprit , que de la bonté de fon cœur.

Silveftre, un foir, en revenant de fon travail , s'enfonça en rêvant dans une épaiffe forêt , qui bordoit prefque fon habitation. Il fe plaifoit parmi le filence & la fraîcheur des bois. Leurs ombrages folitaires convenoient à la fituation de fon ame ; ils entretenoient délicieufement fa mélancolie. Le bon Silveftre erroit enfin à l'aventure, lorfqu'il apperçut à travers les arbres une femme âgée & d'une taille majeftueufe. Elle fe promenoit lentement & d'un air tranquille. Elle étoit mife fimplement , mais avec goût ; la négligence même de fa parure annonçoit une perfonne d'un rang diftingué. Son recueillement & fa phyfionomie plûrent au jeune homme. Un fecret penchant l'entraînoit vers elle, mais il n'ofoit l'aborder. Elle étoit elle-même frappée de la trifteffe du jeune inconnu, de fa timidité, de la nobleffe de fa figure. Les ames fenfibles

ent, pour ainfi dire, une forte d'inftinct qui mu-
tuellement les attire. Qui vous amene ici , lui dit la
Dame ? Ce n'eft point la fimple curiofité qui m'arrache cette queftion. Si j'en dois croire aux appa-
rences, vous n'êtes pas heureux. Ne craignez rien
de moi ; j'ai dès long-temps appris à plaindre les
maux d'autrui. Hélas ! lui répondit Silveftre ,
Madame a fans doute auffi connu l'infortune. Mon
hiftoire n'eft pas longue ; elle touchera pourtant
Madame. Les cœurs fenfibles font compâtiffans, &
je dois me féliciter fans doute de l'éprouver maintenant.

Il lui raconta comment il avoit perdu fa mere &
fon pere , il fit une vive & naïve peinture de leurs
vertus, de leur pauvreté, de fes regrets, de fes dé-
goûts du monde, & de fa retraite chez les amis de
fon pere & les fiens. Puis-je à mon tour, ajoûta-t-il ,
Madame, vous demander à qui j'ai l'honneur de
parler ? Vous, qui m'infpirez du refpect, me refu-
ferez-vous votre eftime ? Daignerez-vous payer ma
confiance de la vôtre ? L'humanité de mes hôtes me
confole ; mais je ne fais quel fentiment m'infpire

que j'ai befoin encore de vos bontés. La Dame ;
après un moment de filence.... Suivez-moi ; vous
êtes vertueux fans doute, lui dit-elle ; j'aime à croire
que vous méritez ma confiance. Silveftre, en la
fuivant dans plufieurs fentiers détournés, arriva
avec elle à l'entrée d'une petite maifon bâtie au bout
de la forêt. Elle étoit propre, commode, médio-
crement ornée, & fituée fur le penchant d'une
colline qui dominoit fur un payfage enchanté. Une
large riviere couloit dans la prairie, & la partageoit
en plufieurs îles couronnées d'arbres. Une longue
chaîne de montagnes bordoit majeftueufement l'immenfe & délicieufe vallée. Ah ! dit Silveftre, que
la nature eft belle ! Nous fommes environnés des
bienfaits du Créateur. Affeyez-vous, lui dit la
Dame. Je ne connois de vous que les dehors & les
propos ; mais vous m'intéreffez, & dans la folitude
où j'ai vécu depuis long-temps, il n'eft pas étonnant
peut-être que je cede à l'innocent plaifir de rencontrer dans ces déferts une ame que je crois fenfible. On fe foulage en racontant fes maux. Ap-
prenez donc mes infortunes, & jugez fi le fort m'a
mieux traitée que vous.

Je fuis fille unique du baron de Montbrun, dont le nom ne peut vous être inconnu. J'avois quinze ans lorfque je perdis mon pere. Mon éducation ne fut pas négligée; elle devint la plus chere occupation de ma mere, dont j'étois tendrement aimée. Je parus bientôt dans le monde, &, comme je paffois pour jolie, je ne manquai point d'adorateurs. Parmi ceux qui compofoient ma cour, je diftinguai le jeune marquis d'Olinville; il étoit aimable, je l'aimai. Mais, fous des traits charmans, fous les dehors de la franchife & de la modeftie, il me cachoit un caractere qui fit le malheur de ma vie. Sans doute il avoit moins de fauffeté que de foibleffe, & fon extrême facilité fut la caufe de mes infortunes. Il avoit des amis eftimables, & d'autres qui ne l'étoient pas; il s'y livroit indifcrettement. Il aimoit paffionnément les femmes, & ne les choififfoit gueres mieux que fes amis. Mon époux me trompa long-temps, & avoit eu mille intrigues avant que je m'en apperçuffe. Mais une aventure cruelle dévoila tout-à-la fois fes infidélités & le dérangement de fes affaires. Il y avoit fix ans que j'étois mariée, & je ne foupçonnois même pas les maux auxquels j'allois être en proie.

J'attendois un foir le Marquis , & j'étois fort inquiette de ne le point voir arriver. La nuit fe paffa fans qu'il revînt. Jugez de ma douleur & de mon effroi, quand le matin je ne vis rentrer que le domef- tique avec lequel d'Olinville étoit forti à pied ! Qu'avez-vous fait de votre maître! lui dis-je, que fait-il ? où eft-il?... Il ne répondoit point , & fes yeux fe rempliffoient de larmes. Je répétai avec vivacité les mêmes queftions. Il rompit enfin le filence.... Préparez-vous à de triftes nouvelles, me dit-il en fanglottant ; je fuis bien à plaindre, & la peine que je fuis forcé de vous caufer ne me touche pas moins fenfiblement. Que n'ai-je pu le fecourir! pourquoi l'ai-je quitté un moment ! ... J'écoutois en tremblant .... mes craintes redoubloient à cha- que mot.

Il avoit pris fantaifie à fon maître d'entrer chez une femme qu'il ne comptoit pas voir ce jour-là. Cette miférable, qui n'attendoit point le Marquis, étoit avec un jeune homme, qu'elle avoit fait cacher au moment où elle avoit reconnu la voix de celui qu'elle trahiſſoit. D'Olinville avoit voulu ſouper ; elle avoit paru un peu déconcertée. Il s'en étoit apperçu ; mais, après s'être remiſe de ſon trouble, elle étoit parvenue à diſſiper les ſoupçons de mon époux, lorſqu'il marqua beaucoup d'envie de voir une piece de l'appartement de ſon indigne maîtreſſe, qu'il avoit donné ordre de meubler. Les excuſes & la réſiſtance de cette femme lui deviennent ſuſpectes, il ſe fait ouvrir la porte, il entre... le jeune homme qui étoit caché dans la chambre s'enfuit après avoir frappé mon malheureux époux d'un coup mortel.

J'en fus accablée ; car, malgré ſa légéreté, j'aimois ſincérement le Marquis. Il laiſſa des dettes immenſes ; & ſes biens ſuffiſant à peine pour les acquitter, je me ſuis retirée depuis quelques années dans cette campagne, où je ne vois preſque perſonne. Une fille unique fait ici toute ma conſolation. Elle eſt abſente pour quelques jours ; mais l'amie qui la retient dans la ville voiſine me la renverra bientôt ; elle n'ignore pas combien l'abſence de ma

fille coûte à mon cœur. Cet afyle eft à-peu-près le
feul bien qui nous refte : en attendant le rétabliffe-
ment de nos affaires , nous y vivons dans une heureufe médiocrité. Le fort de ma fille eft le feul objet
qui m'occupe. Son refpect , fa tendreffe pour moi ,
le repos & la liberté dont je jouis me font oublier
la perte d'une fortune brillante , que le bonheur
n'accompagne pas toujours. Madame , s'écria Silveftre , vous avez une fille, elle vous aime; je plains
moins vos malheurs.

Le récit que vous m'avez fait, lui dit la Marquife , & la façon dont vous l'avez fait vous ont
acquis toute mon eftime. Tout annonce en vous un
heureux naturel ; juftifiez l'inclination que vous
m'infpirez , & partagez quelquefois ma fociété &
celle de ma fille. Si la naiffance a mis entre nous
une diftance imaginaire, la nature, le malheur &
la vertu nous rapprochent. Silveftre , pénétré de
refpect & de reconnoiffance , quitta la Marquife ,
& courut chez fes hôtes exprimer fon raviffement.
Cette femme refpectable étoit connue de tout le
canton ; elle avoit gagné tous les cœurs , & les
éloges

Éloges qu'on donnoit à son rare mérite enchantoient l'honnête Silvestre.

Quelques jours après cette aventure, il alla, dès le point du jour, parcourir la campagne. La matinée étoit belle; & Silvestre, sans y penser, s'approchoit de l'habitation de la Marquise, lorsqu'il apperçut une jeune fille qui jouoit dans la prairie. L'innocence & la douceur sourioient sur ses levres & dans ses yeux; des boucles de longs cheveux cendrés ornoient négligemment sa tête, & flottoient sur sa taille déliée. Elle cueilloit des fleurs. Elle vit Silvestre, & rougit; & Silvestre, frappé de tant d'attraits, ne put que l'admirer en rougissant.... C'est la fille de la Marquise, se dit-il en lui-même, mon cœur ne sauroit s'y méprendre; achevons son bouquet.

Silvestre, après en avoir fait un très-beau, ose enfin s'approcher d'elle, & d'une voix incertaine: vous aimez les fleurs, lui dit-il; daignez permettre que je vous offre celles-ci......

La Marquise n'étoit pas loin, & jouissoit du trouble de Silvestre. Elle s'approche, & sa présence acheve de déconcerter les jeunes gens. Silveſtre, confus, n'oſoit lever les yeux ? Roſalie conſultoit timidement ceux de ſa mere.

Prenez ces fleurs, dit-elle gravement à Roſalie ; & vous, Monſieur, gardez-vous déſormais d'en offrir en mon abſence. Je vous crois fort honnête ; mais on ceſſe bientôt de l'être quand on a recours au myſtere.

Silveſtre avoit préſenté les fleurs en tremblant ; & Roſalie les avoit reçues d'un air déconcerté. Quand ils furent un peu remis …. Tu me crois bien fâchée, lui dit la Marquiſe ? Va, ſi je t'aimois moins, je ſerois moins ſévere. Ce jeune homme ne m'eſt pas inconnu, il eſt eſtimable, & je ſuis perſuadée que dorénavant il ſera plus circonſpect. Je pardonne à ſa jeuneſſe une imprudence qui, s'il y retomboit, ne ſeroit plus excuſable. Madame, répondit Silveſtre, je vous reſpectois déjà ſincérement ; mais comment exprimer les ſentiments que mérite une mere telle que vous ? A Dieu ne plaiſe que je ſois aſſez malheureux pour perdre jamais votre eſtime ! Le bonheur de vous voir & d'admirer une fille digne de vous, est un bien auquel je n'eusse osé prétendre, &, si jamais je pouvois le mériter, je m'estimerois le plus heureux des hommes.

L'émotion de Silvestre étoit visible ; celle de Rosalie n'étoit pas moindre. La Marquise, qui s'en apperçut, tourna la conversation sur la beauté du spectacle de la nature & sur les agrémens de la vie champêtre, & Silvestre saisit cete occasion de faire l'éloge de ses hôtes. Il vanta l'ordre & la paix qui régnoient chez eux. Que de vertus, disoit-il, je vois briller sous le chaume ! Est-il au monde un plus digne & plus touchant spectacle que celui d'une mere de famille entourée de ses enfans, & faisant le bonheur de son époux ? ... Parmi les traits de ce tableau, il en étoit que le jeune homme traçoit avec une complaisance plus marquée, & qui plaisoient beaucoup à Rosalie. Cette même candeur, disoit Silvestre, cette même décence, cette même élévation de sentimens, cette même sensibilité qui font une fille accomplie, forment une épouse vertueuse, une mere adorable. Il est vrai, reprit la Marquise, mais qu'il eſt difficile de connoître les cœurs & de les aſſortir! On ſe trompe d'autant plus aiſément ſoi-même, qu'on chérit ſa propre erreur. L'illuſion commence avec les paſſions ; l'imagination embellit tout, & ſouvent l'on n'embraſſe qu'un fantôme.

Roſalie écoutoit ſa mere avec une attention mêlée d'inquiétude ; ſes regards ne tomboient plus que furtivement ſur le triſte Silveſtre, & la Marquiſe obſervoit tout. Hélas ! diſoit-elle tout bas, comme la nature & l'amour ſe jouent de l'opinion! Silveſtre, Roſalie ! couple aimable & tendre !.... s'aimeroient-ils déjà? Un préjugé cruel.... Mais devroit-il balancer dans mon cœur le bonheur de ma fille, ſur-tout dans l'état où nous ſommes? ... Roſalie, reprit-elle tout haut, la promenade te fatigue ; retournons au logis. Silveſtre, encore plus interdit, reconduiſit les deux Dames. La Marquiſe propoſa pour le lendemain une promenade au village prochain. Serez-vous des nôtres, dit-elle à Silveſtre? Il n'eut garde de refuſer. Venez donc nous chercher demain. Silveſtre n'y manqua pas.

On trouvera ſans doute que la bonne Marquiſe

eſt en effet trop bonne & trop facile. Eſt-il bien vraiſemblable, dira-t-on, qu'une mere, avec autant d'expérience & de diſcernement, ait pu concevoir l'idée d'une alliance auſſi diſproportionnée ?... Mais pourquoi non ? il s'agiſſoit du bonheur d'une fille unique & chérie. La Marquiſe ne pouvoit gueres ſe flatter de lui rendre l'éclat & les avantages de ſa premiere fortune. Les malheurs que cette digne mere avoit eſſuyés dans le monde la pouſſoient, pour ainſi dire, vers la médiocrité, & la lui mon-troient comme le plus ſûr aſyle de la paix & de la vertu *. D'ailleurs, quiconque a connu Silveſtre n'a pu diſconvenir que ſes excellentes qualités ne ſuppléaſſent dès-lors à ce qui paroiſſoit lui manquer du côté de la naiſſance, & ne fiſſent oublier une diſproportion toujours de peu de poids aux yeux de la vraie philoſophie.

Après cela, diſons que Silveſtre ſut bientôt acquérir & plaire de plus en plus chez la Marquiſe;

---

* Bonne Marquiſe ! je vous en félicite. Il eſt des gens que le malheur ne corrige point, & chez qui l'envie & la vanité font des mala-dies incurables.

que cette Dame, appellée à Paris pour ſes affaires,
l'y mena; qu'il ne lui fut pas inutile dans ce voyage,
qu'il acheva d'y former ſon eſprit & ſon cœur *,
& de ſe rendre par conſéquent plus digne de ſon
aimable Roſalie.

Un trait que je vais rapporter acheva de mériter
à Silveſtre toute l'eſtime de ſa bienfaitrice. Il étoit
allé avec elle & ſa fille chez une parente de la Marquiſe, nommée Madame d'Aucour, qui demeuroit dans un très-beau château attenant au village
prochain, & où ils avoient déjà été enſemble. Sur
le ſoir, Madame d'Aucour, qui avoit propoſé une
promenade dans le parc, après avoir donné quelques ordres à ſon jardinier, fit à la compagnie le
récit d'une aventure arrivée depuis quelque temps
à la fille de ce bon-homme.

Mon jardinier, dit-elle, a une fille très-jolie.
Un Seigneur, dont je tairai le nom, étant venu
chaſſer dans les environs de ce château, rencontra
une troupe de jeunes villageoiſes qui s'en alloient

---

* Cette école eſt-elle ſûre ?

à la ville, & parmi lefquelles il diftingua malheu-
reufement Jeannette, qui portoit un panier de
pêches. La fraîcheur & l'incarnat de fon petit mi-
nois arrondi, fa démarche vive & lefte lui plûrent.
Jeannette enfin lui parut charmante ; il la fit en-
lever, & nous ignorâmes long-temps ce qu'elle
pouvoit être devenue. La perte de cet enfant
m'affligeoit, & je défefpérois d'en avoir des nouvelles, lorfqu'étant à Paris, l'hiver dernier, je reçus
un foir cette lettre.

» Madame,

» Je n'ai pas l'honneur d'être connu de vous ;
» mais j'ai celui de vous connoître, & je crois vous
» obliger en vous procurant l'occafion de faire du
» bien. Je fuis jeune, fenfible, mais honnête. J'ai
» découvert dans la maifon où je fuis logé une
» jeune payfanne vraîment à plaindre. Elle fut
» enlevée il y a quelque temps dans fon village par
» un Seigneur qui reffemble à bien d'autres. Mais,
» après avoir inutilement tenté de la féduire, il l'a
» mife fous la garde d'une de ces femmes dont l'in-
» digne profeffion n'eft ici que trop connue, avec

» ordre de ne la laisser ni sortir ni parler à per-
» sonne.

» Son hôtesse, étant sortie, avoit laissé la porte
» entre - ouverte. J'entrai pour demander de la
» lumiere, & vis avec étonnement une jeune per-
» sonne étendue dans un mauvais fauteuil, & dont
» la pâleur & la foiblesse m'offrirent un objet digne
» de compassion.... Je ne sais comment elle
» s'afflige; c'est avec une sorte de tranquillité qui
» me touche & m'agite; une douleur qui éclateroit
» me feroit bien moins d'impression. On voit que
» cette aimable fille souffre d'autant plus qu'elle
» dévore ses chagrins, & qu'elle semble soumise
» au malheur.... Ma présence parut l'effrayer. Ras-
» surez-vous, Mademoiselle, lui dis-je; l'état où je
» vous vois ne m'inspire d'autres sentimens que
» celui de vous offrir mes services. Parlez & dites-
» moi sans balancer ce que je puis faire pour vous.
» Monsieur, répondit - elle d'une voix presque
» éteinte, si vous êtes sincere, vous pouvez me
» sauver l'honneur & la vie. Courez, ajoûta-t-elle,
» chez Madame d'Aucour, qui doit être actuelle-
» ment

» ment à Paris ; dites-lui que Jeannette la supplie
» de l'arracher d'ici, & de la rendre au plutôt à sa
» famille, dont-elle est digne encore, & qui pro-
» bablement pleure sa perte.... Mais hâtez-vous,
» de peur qu'on ne rentre. Voici l'adresse de Madame
» d'Aucour ; daignez de grace lui écrire, au cas
» que vous ne la trouviez point chez elle, & soyez
» sûr de sa reconnoissance, ainsi que de la mienne.
» Le bruit que j'entendis sur l'escalier ne me permit
» pas de rester plus long-temps avec Jeannette. Je
» la quittai, Madame ; je courus à l'instant chez
» vous, où je n'ai pas eu le bonheur de vous ren-
» contrer. On a promis à votre retour de vous
» donner ma lettre, & je ne doute pas que vous
» ne soyez charmée d'exercer la bienfaisance qui
» vous est si chere, en arrachant cette jeune per-
» sonne à tous les dangers qui la menacent. Dai-
» gnez, Madame, agréer mon profond respect.

L. F.

Je reçois cette lettre, continua Madame d'Aucour, & je vole chez Jeannette.... Ah ! Madame !
cette bonne œuvre est bien digne de vous ! Tous

F

mes maux font finis, je ne craindrai plus mon tyran, vous me rendez à ma trifte famille! Viens, mon enfant, lui dis-je, ( en confondant, d'un feul regard, l'infâme agente de l'illuftre & méprifable amant de ma petite jardiniere ) viens, mon enfant! je me charge du foin de récompenfer ta vertu. J'ai depuis marié Jeannette au fils d'un riche laboureur. Ils s'aiment, ils font heureux, & je goûte tout le plaifir non-feulement d'avoir fauvé de l'infamie une fille eftimable , mais encore d'aimer en elle une fage & tendre mere de famille. Mon feul regret eft de n'avoir jamais pu trouver le vertueux jeune homme à qui j'ai dû le bonheur de faire une action dont je me féliciterai toujours.

Silveftre, pendant ce récit, paroiffoit agité d'une affez vive inquiétude. On voulut voir les jeunes mariés , & Silveftre ne put refufer la partie. A la vue de leur bienfaitrice, Jeannette & fon époux quittent précipitamment leur ouvrage, & reçoivent la compagnie avec cette gaieté naïve que le cœur feul infpire. Tandis qu'on les félicitoit fur leur bonheur, & qu'on careffoit leur enfant, Jeannette, après avoir long-temps fixé Silvestre, qui baissoit modestement la vue : .... Je ne me trompe pas! s'écrie-t-elle avec transport, en s'adressant à Madame d'Aucour.... Ah! Madame! pourquoi ne me disiez-vous pas que vous aviez trouvé mon cher libérateur? Ah Ciel! puis-je assez lui marquer tout ce que je lui dois de reconnoissance? ... Tous les yeux étoient fixés sur Silvestre, qui, surmontant enfin son trouble: cessez, dit-il, aimable & digne épouse, de vanter un service que tout autre que moi vous eût rendu. Je m'en vois trop payé; je trouve dans le bienfait même la récompense du bienfait. Tout le monde embrassa Silvestre, excepté Rosalie, qui l'en dédommagea par le plus tendre des regards.

En retournant chez Madame d'Aucour, Silvestre & Rosalie marchoient ensemble ; ils avoient un peu devancé les Dames, qui étoient convenues de les observer sans affectation.

Qu'ils sont heureux ces deux époux! disoit Silvestre à Rosalie: que j'envierois un pareil sort! il est d'autant plus doux, que ces honnêtes gens

ignorent les embarras ainsi que les dangers du faste
& des grandeurs ; la crainte n'empoisonne jamais
leurs plaisirs, & chaque jour amene leur bonheur....
Ah ! si j'avois en partage tous les biens, tous les
honneurs , Ciel ! avec quels transports je les met-
trois aux pieds de Rosalie! .... Quoi ! Silvestre !
interrompit en rougissant Rosalie, avez-vous oublié
ce que nous dit ma mere lorsque vous m'offrites des
fleurs? Ah! pardon! s'écria Silvestre ; jamais, non,
jamais je n'oublierai tout ce que je vous dois...
Mais, divine Rosalie, daignez m'apprendre à commander à mon cœur, à vous taire les vœux ardens
qu'il fait à chaque instant pour vous.

Les deux amans s'étoient assis, & la Marquise,
ainsi que Madame d'Aucour, qui s'étoient appro-
chées, n'avoient pas perdu un mot de cette conversation. Dès que la compagnie fut rentrée au château, où l'on devoit rester quelques jours, un jeune
homme vint, en courant, annoncer à Silvestre que
son hôtesse étoit indisposée, & desiroit fort de le
voir. A ces mots, quoique désolé d'un contre-temps
qui le séparoit d'une compagnie si charmante :

vous me mépriferiez , dit-il en s'adreffant aux
Dames & à Rofalie , fi j'étois affez ingrat pour
préférer le plaifir au devoir…. Allez , Silveftre,
dit la Marquife ; j'efpere vous revoir bientôt avec
de meilleures nouvelles de votre bonne hôteffe.

Dès qu'il fut parti, Madame d'Aucour prit la
Marquife en particulier. Quel eft donc ce jeune
homme, dit-elle , dont les vertus & l'efprit nous
étonnent ? Quelles mœurs ! quelle grandeur d'ame ,
& quelle fimplicité ! La Marquife raconta l'hiftoire
de Silveftre , & l'interrompit fouvent par fes
louanges. Je me reproche prefque , ajoûta-t-elle ,
de l'avoir accueilli ; mais un mouvement s'eft élevé
dès la premiere fois que je l'ai vu , & s'éleve tous
les jours dans mon ame en faveur de tant de mérite.
Je ne faurois en douter plus long-temps , le cœur
de ma fille & le fien font d'intelligence, & je fentois
qu'ils étoient l'un à l'autre avant qu'ils s'en apper-
çuffent eux-mêmes. Mais ils s'aiment trop aujour-
d'hui, & j'ai fans doute à m'imputer de les avoir
livrés à leur penchant. Que feriez-vous à ma place ?
Que vous êtes bonne, répondit Madame d'Aucour,

de vous tourmenter ainsi ! J'avoue que vous eussiez
pu choisir un gendre dont la naissance fût plus
conforme à celle de Rosalie. Mais de pareils préjugés sont-ils faits pour nous ? Eh , mon amie! que
sert l'opinion au bonheur ?... Silvestre n'est pas
riche, la fortune de votre fille est plus que bornée;
je l'aime, je suis riche, il ne me reste plus d'enfans;
je veux la rendre heureuse, & lui assurer la moitié
de mon bien. La Marquise , à ces mots, voulut marquer à son amie tous les transports de sa reconnoissance. Arrêtez! s'écria Madame d'Aucour, c'est à
moi de vous remercier : car je fais des heureux.

Silvestre , dont l'hôtesse étoit hors de danger, ne
tarda point à revenir. La noblesse des procédés de
Madame d'Aucour enchantoit la Marquise &
l'embarrassoit en même temps. L'idée cruelle des
bienséances combattoit encore dans son cœur son
estime & son inclination pour Silvestre, à qui
Madame d'Aucour annonça tout franchement ses
vues. Ah! s'écria-t-il en se précipitant aux genoux
des deux amies , tandis que Rosalie ravie & troublée
croyoit à peine ce qu'elle entendoit; si l'infortune ne

sauroit influer sur la naissance & sur les sentimens, j'ai du moins le plaisir de n'être pas absolument indigne d'une alliance qui fera mon bonheur & ma gloire. Si je vous ai jusqu'à-présent caché de quel sang je suis né, c'est que je n'en avois ni les biens ni les titres, depuis long-temps perdus dans les ravages dont les fureurs de la ligue ont désolé la France. Mais si le nom de L. F. n'est pas indigne de s'allier au vôtre, voyez en moi le dernier rejetton de cette illustre & trop malheureuse maison. C'est à votre Avocat, Madame, ajoûta-t-il en regardant la Marquise, que je dois une si précieuse découverte. Mon nom, mes malheurs l'avoient intéressé ; il a recouvré tous mes titres, & vous pouvez en juger par sa lettre, que je reçus hier …. Ah, Madame ! Ah, Rosalie ! O vous, sa digne mere ! vivrai-je assez pour reconnoître à mon gré tout ce que je vous dois ?

Oui, mon cher Silvestre, s'écria en l'embrassant la Marquise, oui, vous serez mon fils ; oui, vous ferez long-temps le bonheur de ma fille …. O ma chere d'Aucour ! c'est maintenant que sans rougir j'accepte vos préfens ; ils font dignes de vous, & mes enfans en feront dignes.

Silveftre & Rofalie furent unis quelques jours après, & laifferent une poftérité nombreufe, qui hérita de leurs vertus comme de leur fortune.

DIALOGUE.

# DIALOGUE
## ENTRE UN PHILOSOPHE
### ET
## UNE ÉLÉGANTE.

*L'ÉLÉGANTE.*

Monsieur, un Philosophe a-t-il bien du plaisir ?

*LE PHILOSOPHE.*

Madame, permettez-moi de vous le dire, vous vous ennuyez souvent pour avoir l'air de vous amuser ; il vous semble que je m'ennuie, & je m'amuse en effet. Voilà ce qui nous distingue. Il faut que votre sexe tienne à l'opinion par les mœurs & par la modestie ; mais, quant au plaisir, l'opinion n'est bonne à qui que ce soit.

*L'ÉLÉGANTE.*

Allons, détaillez-moi tous vos plaisirs.

G

### LE PHILOSOPHE.

Ils font fimples, Madame, & le compte en fera
bientôt fait; le bon témoignage de foi, & la liberté.
Au refte, daignez me dire ce que vous entendez
par un Philofophe, car le mot n'y fait rien; eft-ce
un fage ? eft-ce un fou ?

### L'ÉLÉGANTE.

Il tient de l'un & de l'autre. Mais il faut que je
vous faffe auffi une queftion. Cette liberté que vous
aimez tant ne vous a-t-elle jamais gêné? le cœur
d'un Philofophe n'a-t-il pas fes befoins comme un
autre ?

### LE PHILOSOPHE.

Je vous entends. J'ai la folie de penfer qu'une
femme aimable & fage eft le plus digne objet des
vœux d'un honnête-homme, & qu'il feroit libre
fous un pareil joug. Il y a de ces femmes-là; j'en
connois même qui euffent orné les fiecles de ces
illuftres Romaines dont les mœurs fublimes ne fe
retracent gueres de nos jours *.

---

* Philofophe, montre-moi cette femme-là ; que j'en voye une au
moins.

L'ÉLÉGANTE.

Prenez garde, Philosophe, vous allez dire des injures.

LE PHILOSOPHE.

J'ai dit, Madame, que je connoissois des femmes honnêtes, & je ne connois de vrais Philosophes & même de vrais hommes, dans toute l'énergie du terme, que ceux qui savent respecter votre sexe. Le nombre en est rare à présent.

L'ÉLÉGANTE.

Pourquoi donc ne vous voit-on qu'à peine dans les cercles, & jamais à la toilette ?

LE PHILOSOPHE.

C'est que je respecte les Dames, sur-tout celles qui ne font pas de bruit ; c'est que j'aime la société sans aimer à me répandre. Croyez-vous qu'une foule d'agréables entourât jamais la toilette de Cornélie ou de la mere de Coriolan ? Voyez autour de ces femmes vertueuses & immortelles un plus impo-sant cortege, la vénération de tout un peuple maitre de l'univers. Leur ambition étoit de régner fur des hommes, & non fur de petits baladins. Cette digne mere qui montroit fes enfans pour toute parure, avoit, je crois, auffi bonne grace qu'une petite maitreffe de ce temps-ci.

### L'ÉLÉGANTE.

Vous avez la fievre, mon cher Philofophe : je vois bien au refte que vous ne figurerez jamais à ma toilette.

### LE PHILOSOPHE.

Je vous eftime trop pour cela, & je dirois bien à d'autres femmes que je ne fais pas m'ennuyer par vanité.

### L'ÉLÉGANTE.

N'y en a-t-il pas un peu dans ce propos ?

### LE PHILOSOPHE.

Il y a du moins de la franchife.

### L'ÉLÉGANTE.

Philofo phe ! j'ai peur que vous n'en ayez man-qué en m'affurant de votre eftime ; ma toilette n'eft pas toujours fi déferte que l'étoit celle de Cornélie.

*LE PHILOSOPHE.*

Madame, nous vivons dans un fiecle où il faut fe prêter à bien des ridicules, pour éviter de plus grands maux. Je vous paffe la foule des petits Mef-fieurs ; elle empêche certains tête-à-têtes, que d'ailleurs vous ne fouffririez jamais.

*L'ÉLÉGANTE.*

Si c'étoit avec vous, Philofophe ?

*LE PHILOSOPHE.*

Madame, je ferois déplacé.

*L'ÉLÉGANTE.*

Vous êtes galant quelquefois.

*LE PHILOSOPHE.*

C'eft que je ne fuis pas amoureux.

*L'ÉLÉGANTE.*

Que ne l'êtes-vous ? je voudrois bien voir cela.

*LE PHILOSOPHE*

Pour lors je ne serois point galant.

*L'ÉLÉGANTE.*

Que seriez-vous donc ?

*LE PHILOSOPHE.*

Je serois aussi tendre que sincere ; je prendrois
le ton du sentiment, qui ne ressemble point du tout
à la galanterie.

*L'ÉLÉGANTE.*

Le sentiment affadit ; la galanterie amuse.

*LE PHILOSOPHE.*

Ce persifflage-là ?... Si vous parliez sérieusement,
je ne vous reverrois de ma vie.

*L'ÉLÉGANTE.*

Ne nous brouillons pas , Philosophe ; votre
philosophie m'accommode assez.

*LE PHILOSOPHE.*

J'en suis fort aise , Madame.

### L'ÉLÉGANTE.

Venez me voir plus souvent ; vous me rendrez raisonnable.

### LE PHILOSOPHE.

Madame, je suis aussi de mon siecle ; tâchons de valoir mieux que lui.

### L'ÉLÉGANTE.

Au revoir, Philosophe.

### LE PHILOSOPHE.

Très-volontiers, Madame.

# LE BERGER

## *ET LA ROSE.*

LE jeune Hilas cultivoit une Rose ;

Il l'arrosoit le matin & le soir ;

Il revenoit à chaque instant la voir

Fraîche, vermeille, à peine encore éclose.

Mais bientôt la Reine des fleurs,

Par le Zéphyre épanouie,

Devient languissante & flétrie.

Qu'as-tu fait, dit Hilas, de tes vives couleurs ?

Et l'innocent Berger l'inondoit de ses pleurs.

Calme-toi, lui dit-elle ; hélas ! je suis l'image

Du Plaisir & de la Beauté.

Tous deux n'ont qu'un instant ; fais-en du moins

usage.

Un seul jour, un matin ravage

La Rose qui t'avoit flatté.

Vivras-tu beaucoup davantage ?

ENVOI.

# ENVOI.

L A rose passe, & la beauté s'enfuit :
Mais vos graces & votre esprit,
Votre douceur inaltérable,
Qui rendent la sagesse aimable,
Rien de tout cela ne vieillit.

# LE POLTRON.

LA Mort parmi le bruit des armes,
A travers mille cris, à travers mille feux,
La Mort, de rang en rang répandant les allarmes ;
Promenoit son squelette affreux ;
Ou, pour vous parler sans figure,
On se battoit, on s'égorgeoit.
Un poltron cependant trembloit,
Il s'esquivoit, il se cachoit ;
Puis s'efforçant de vaincre la nature,
A la charge, comme il pouvoit,
Derriere un autre il revenoit ;
Puis la frayeur le reprenoit.
Las enfin de cette torture,
Troublé par la terreur, la honte & le regret,
Le pauvre homme, voulant mettre à fin l'aventure,
Se donna la mort, qu'il craignoit.

Euffiez-vous foupçonné ce trait * ?
J'allois prefque fourire, en plaignant fa démence.

Humains, foibles humains, de notre inconfé-
quence
    Voilà le fidèle portrait.
    Pour le crime nous fefons rage,
Et le devoir nous trouve fans courage.

---

* On me l'a donné pour certain.

# TYRSIS

## *ET GALATÉE.*

DE l'Amante de Titon
La douce & tendre lumiere
Ouvroit enfin la carriere
Au Pere de Phaéton ;
Et, par l'amour éveillée,
La fenfible Galatée
Déjà le long du côteau
Menoit fon nombreux troupeau.
Elle jette au loin la vue ;
Elle cherche en vain Tyrfis ;
Tyrfis, qui de l'entrevue
Fixa le moment précis.
Ah ! je vois pâlir l'aurore,
Dit-elle ; quel embarras !
Il ne paroît point encore !
Qui peut retarder fes pas ?

Bientôt le Soleil lui-même,
Couronné de mille feux,
Répand son éclat suprême
Sur la terre & dans les Cieux.
Point de Tyrsis ! l'infidèle !
Je veux fuir tous les Bergers.
Qu'ils sont vains ! qu'ils sont légers !
Mais, ô surprise cruelle !
Le rival de Tyrsis, Lycas est auprès d'elle.
Quel instant ! quelle rougeur !
Confuse & tout interdite,
Elle vouloit par la fuite
Cacher son trouble au Pasteur.
Lycas, que l'amour excite,
A ses pieds se précipite,
Plein d'espoir & plein d'ardeur.
Vous regrettez un volage,
Et vous méprisez ma foi !
Galatée, êtes-vous sage ?
Sait-il aimer comme moi ?
Ah ! d'un cœur tel que le vôtre
Je sentirois mieux le prix.

Hélas! en eſt-il un autre

Qui puiſſe engager Tyrſis?

A ce diſcours Lycas mêle des larmes;

Et croit déjà la fléchir....

Dieux ! quel bonheur! que de charmes?

Elle ſemble s'attendrir!

Lycas tranſporté s'anime;

Mais il apperçoit Tyrſis,

A qui Galatée exprime

Son amour par un ſouris.

Comment feroit-il coupable?

Non, Tyrſis eſt trop aimable.

Ah! quelle étoit mon erreur !

Non, je ne veux rien entendre:

Tu reviens fidèle & tendre;

Mon Berger n'eſt pas trompeur.

L'autre penſa mourir de honte & de douleur;

A ce cruel revers il auroit pu s'attendre.

On ne force point un cœur,

Lycas ; il ſe laiſſe prendre.

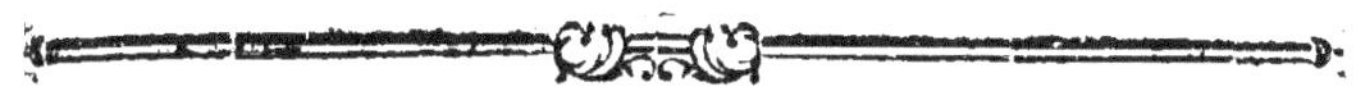

# LISE

## *ET COLIN.*

Lise & Colin, jeunes & s'aimant bien;
Pleins de candeur, comme on l'est au bel âge,
Desiroient fort le nœud du mariage.

   Beaucoup d'amour & peu de bien,
En est-ce assez pour entrer en ménage?
Lise & Colin n'avoient rien d'avantage.
Quoi que vous en disiez, vous autres gens de Cour,
   Je fais grand cas d'un tendre amour,
   Sur-tout d'un amour de Village.
Il est fidèle, honnête & sans détour.
   Quand on aime, on a du courage;
   Voilà Lise & Colin unis.
Mais, direz-vous, le temps, qui tout ravage,
   Va briser ces nœuds si chéris.
   L'Amour déloge avec les Ris,
   S'ils ont du pain pour tout potage.
Il est vrai, gens du monde, & sur-tout parmi vous;

Qui ne voyez rien de plus doux
Que l'or, ce trompeur avantage.
Mais Colin travailloit, & Lise étoit si sage !
Leur modération valoit mieux que Plutus,
Et de leurs tendres soins l'estime étoit le gage.
Le Ciel bénit tant de vertus ;
La médiocrité leur échut en partage :
C'est celui du bonheur. Ils en firent usage,
Et leurs enfants apprirent d'eux
A vivre en paix, à faire des heureux.

Voilà pourtant un fortuné ménage.
Mais vous ne croyez point encor
A ce couple charmant, digne de l'âge d'or :
Songez donc qu'il fut pauvre, & vécut au Village.

NANNETTE

# NANNETTE,

## *ET LE FAT.*

UN Petit-Maître sémillant,
Et brillant,
Rencontre une jeune fillette
Douce, gentille & fringante & proprette.
Il juge, à son air innocent,
Qu'on pourroit croquer la poulette.
Bon jour, dit-il, aimable enfant :
Souffrez que j'admire un instant
Ce teint de rose, & cette main blanchette...
Vous me faites honneur, vraiment !
Ah ! Monsieur, je ne suis pas faite
Pour mériter un pareil compliment.
Sur le déclin du jour, près d'une maisonnette,
Tout au bout d'un petit hameau,
Le jeune Fat cajoloit la Nannette,
Et continuoit bien & beau.
Logez-vous loin d'ici?... Vous voyez ma demeure...

I

Nannette, ne pourroit-on pas

Y voir de plus près vos appas?

Et tous deux entrent tout-à-l'heure.

Un Petit-Maître est fort avantageux.

Celui-ci, ne voyant personne,

S'imagine que tout favorise ses vœux,

Et que l'heure du Berger sonne.

L'heureux moment! l'aimable objet!

De toutes les Beautés vous êtes la merveille!

Est-il d'aussi beaux yeux, une grace pareille?

Je suis venu trop à souhait.

Il voulut profiter de la bonne fortune.

Passons plus loin, dit la naïve Brune;

Je serois bien au désespoir

Si l'on alloit ensemble ici nous voir.

Elle ouvre une porte voisine;

Joyeux Monsieur la suit. Que le plus fin devine

Ce qu'elle prétendoit : mais vous l'allez savoir.

Un bon-homme étoit là...Permettez-moi,mon Pere,

De vous faire connoître un honnête Monsieur;

Il est tout plein de belle humeur...

Monsieur, honteux, presque en colere;

Prend congé : votre ferviteur ;
Il lui falloit d'autres conquêtes.

C'eft une bétife fouvent
Que de croire les gens fi bêtes.
Oh ! que je fais de bonnes têtes
A qui cet avis-là convient parfaitement !
Ce n'eft pas à toi feul que ce difcours s'adreffe ;
Elégant & vil féducteur :
Je parle encore à tout flatteur ,
A tout lâche intriguant dont la fourbe & l'adreffe
Tendent un piege à la candeur ,
Ou profitent de la foibleffe ,
Trifte compagne du malheur.

# L'ORMEAU

## ET LE POMMIER-NAIN.

LE plus orgueilleux des ormeaux
Etaloit avec arrogance
De son front la magnificence,
Et le luxe de ses rameaux.
Foible arbuste de bas étage,
Ce disoit-il au Pommier-nain,
Pourrois-tu méconnoître en moi ton Souverain?
Je couvre tout le voisinage;
Tu vois danser sous mon ombrage
Les Bergers dès l'abord en train
Avec les Belles du Village.
Vainement un affreux nuage
Noircit les airs, creve soudain;
Chacun trouve un abri sous mon épais feuillage;
Bergers, troupeaux, toi-même enfin.
Apollon dans ses vers m'a rendu maint hommage.

Vous me paroiffez un peu vain,

Dit le Pommier ; que fais-je? Un jour quelque
Poëte

Peut me célébrer comme vous.

S'il a mis dans les Cieux cette fuperbe tête ;

Ce front jufqu'à préfent vainqueur de la tempête ;

Il dira que mon fruit eft doux,

Que je nourris les gens, fi vous donnez l'ombrage

Qui me défend quelquefois de l'orage,

Et me prive auffi du Soleil.

Mes bouquets , leur parfum .... c'eft un foible
avantage.

Apollon vous loueroit mille fois davantage,

Que je n'envierois point un triomphe pareil.

Ce n'eft pas ce qui m'inquiette ,

Je fuis plus fimple & plus difcret.

Je fais le bien, mon cœur me le dit en fecret ;

Je n'ai pas befoin d'un Poëte

Pour être heureux & fatisfait.

Je prodigue mes fruits, c'eft mon bonheur fuprême !

Je trouve dans le bienfait même

La récompenfe du bienfait.

Petit Pommier, j'admire & j'aime ton langage :
Oh! puiſſe ton exemple inſpirer à notre âge
De faire le bien pour le bien !
Fortune & renom pour le ſage
Sont peu de choſe ou même rien ;
Et quel que ſoit des Grands le ſublime partage,
Les Petits ne ſont pas d'un moins utile uſage.

# LE SINGE,

## *LE CHIEN ET LEUR MAITRE.*

LE buffet étoit dévasté,
Et pour ce dégât manifeste,
Le Singe avec le Chien au plus vîte est cité
Pardevant leur Maître irrité.
Bertrand, qui ne prévoit qu'un châtiment funeste,
Dit que le Chien a tout gâté,
Fromage, biscuits & le reste.
On peut m'en croire, j'ai tout vu,
Poursuit Bertrand; ce chien goulu
Ne fit qu'un saut de la fenêtre
Sur la crême & sur le gâteau;
Il mangea tout, le double traître,
Et je n'osai prendre un morceau.
J. me pique de tempérance.
Mouflar, à ce discours tout rempli d'éloquence,
Répond qu'il s'en défie un peu.

# LE SINGE.

Ami, plus d'une fois tu nous fis voir beau jeu
      Quand tu voulois remplir ta panſe.
Pour moi , j'avouerai net qu'aujourd'hui plus glouton ,
        Et tenté plus qu'à l'ordinaire ,
        Je fis ce matin grande chere
        D'un bon morceau de ce jambon ;
        De rien de plus ; je ſuis ſincere.
        Je demande humblement pardon.
Je mérite, il eſt vrai , quelques coups de bâton ;
        Mais que mon Maître conſidere
        Que Mouflar ne lui manque guere.
Ainſi dirent nos gens ; qui des deux croira-t-on?
Sans arriver à temps , un témoin oculaire
Les avoit apperçus , ſur la fin de l'affaire.
        On vous ſangla Maître Bertrand ,
        Menteur , hypocrite & gourmand ;
Il n'étoit point de plat dont n'eût tâté le drôle ;
        Il avoit joué le grand rôle.
        Mouflar en fut quitte , dit-on ,
        Pour un pathétique ſermon.

Ne cherchons point de vaine excufe.
La vérité fouvent déconcerte la rufe.

Trop d'art nuit , & la fauffeté
N'eft qu'un défaut d'habileté.

Soyons donc toujours vrais & prudens fans myftere ;

C'eft le plus fûr en toute affaire.

Chez des gens très-adroits , un fameux Cardinal * ,
Pratiquant cet avis , ne s'en trouva pas mal.

---

* Le Cardinal de Rohan , en Italie.

# LA PETITE-MAITRESSE,

### ET

## LA MÉNAGERE DES CHAMPS.

*A Monfieur le Duc de Nivernois.*

CERTAINE Petite-Maitreffe ,
Marquife , bourgeoife ou Ducheffe ,
( N'importe , il en eft de tous rangs )
Au retour du zéphyr vient s'établir aux champs.
Elle amene un grand équipage ,
Maint grand laquais , maint petit page ;
Habite un fuperbe château ,
Donne chaque jour maint cadeau ,
Tranfporte la Ville au Village.
Eft-ce être aux champs , à votre avis ,
Que d'y traîner cette fequelle ?
Pour moi , je penfe que la Belle
Eût tout auffi bien fait de refter à Paris.
Ces gens , que le luxe environne

Savent-ils refpirer l'air pur d'un beau matin,
Goûter les vrais plaifirs que la nature donne,
D'un peuple fimple & doux partager le deftin?
  Près du palais de la Duchefle,
  Dans un afyle où la mollefle
  Ni l'ennui n'entrerent jamais,
  Un couple heureux vivoit en paix,
  Sans tréfors comme fans mifere.
  Vous eufliez vu la Ménagere,
  Encore au printemps de fes jours,
  Fraîche & vermeille fans atours,
Belle de fes attraits; fans art, fûre de plaire.
La Dame du château, defirant de la voir,
  Arrive, & d'un ton de Princeffe,
  Dédaigneux avec politeffe,
Que faites-vous, dit-elle, & puis-je le favoir?
Avez-vous du plaifir? Affurément, Madame,
Répond la Ménagere, & la fimplicité
Fixe ici le bonheur, entretient dans notre ame
  Une vive & douce gaieté.
C'eft le fruit du travail & de la liberté.
  Mon Epoux eft fidèle & fage,

Le Ciel bénit nos foins ; que faut-il davantage ?

Vous penfez bien, lui dit la Dame ; mais enfin

N'aimeriez-vous pas mieux la Ville ?

Y ferois-je donc plus tranquille,

Dit l'autre ? y trouverois-je un bonheur plus certain ;

Un Ciel plus doux & plus ferein,

Plus de fraîcheur, plus de verdure ?

Dans nos déferts, parmi les bois,

Nous n'écoutons que la nature,

Toujours dociles à fa voix.

Voulez-vous voir ma plus chere parure ?

Montrez-la moi, dit la Dame auffi-tôt.

La Ménagere fait un faut,

Sort & revient, paroît environnée

De trois enfans chéris & beaux comme le jour,

Ayant l'âge, les traits, le fexe de l'Amour.

La Ducheffe en eft étonnée.

Qu'ils font forts ! le beau teint ! quels yeux & quelles

dents !

Quelle douceur ! ils font charmans !

Ils font bien élevés, répondent à merveille.

Ils vous feront honneur. Leur Pere au moins y

veille ;

Et moi, je les ai nourris tous,
Dit d'un air pénétré la digne & tendre Mere,
Peut-on charger une étrangere
D'un emploi si cher & si doux ?
Je lui dois l'union de ma famille entiere.
L'amour préside parmi nous.
Du plus pur sentiment peut-on braver l'empire ?
De mes trois nourrissons j'eus le premier sourire ;
A peine ont-ils jamais pressé d'autres genoux.
La nature punit la marâtre inhumaine
Pour qui ce soin est une peine,
Et qui, prétextant sa santé,
Veut sur-tout conserver une vaine beauté.
Mes traits ne font pas peur. Madame, ma vieillesse
Trouvera le retour d'une vive tendresse
Dans ces fils bien-aimés, allaités de mon sein ;
Et je puis en tirer un augure certain :
L'infortune d'autrui déjà les intéresse.

Ce discours attendrit la Petite-Maitresse,
Et se doutant du vrai bonheur :
Vous m'enchantez, dit-elle, & dissipez l'erreur

Qui féduifit trop ma jeuneffe.

Le Monde ne me tente plus.

Ah! je veux profiter de vos leçons charmantes.

Puiffé-je égaler vos vertus,

Vos graces, même plus touchantes

Que nos airs affectés, nos bons tons prétendus!


Vous, qui des Rois & du Parnaffe

Réglez les intérêts divers,

Qui nous donnez la paix, & qui faites des vers

Avec tant de fuccès, avec la même grace,

Duc aimable, modefte & d'un fi rare efprit,

Qui joignez l'art de plaire à l'extrême prudence;

Souffrez que votre Nom décore cet écrit.

Dois-je en concevoir l'efpérance?

Et par cette infigne faveur,

Voudrez-vous éprouver mon cœur,

Mon refpect, ma reconnoiffance?

# LE PHILOSOPHE

## *ET LA COURTISANNE.*

J Adis au fond d'un hermitage
Agréable enfemble & fauvage
Demeuroit prefque feul, & s'y trouvoit fort bien
Un Philofophe ami de la nature,
Demi-voluptueux, demi-Stoïcien,
Et qui par la douceur des leçons d'Epicure
Corrigeoit l'âpreté des dogmes de Zénon.

J'ignore quel étoit fon nom,
Je connois mieux fon caractere;
Il étoit à la fois indulgent & févere.

Une Laïs de grand renom
Se met en tête de lui plaire,
De le féduire tout de bon.
Elle vient, paroît fans myftere,
Et trouve au milieu d'un jardin
Cet intéreffant perfonnage,

Frais encore & de moyen âge ;

Il a l'œil vif & doux , le front noble & ferein ,

L'air modefte , un livre à la main.

Laïs affecte un doux langage.

Pourquoi vous enterrer, dit-elle ? c'eft dommage...

Je ne m'enterre point , mais j'aime à vivre en paix.

J'ai deux amis dans ce Village ;

C'eft beaucoup. Rien enfin ne manque à mes fou-

haits ,

Qu'une compagne douce & fage.

Vous ne daignez point la chercher ,

Dit Laïs d'une voix timide ?

Puis , avec un fouris perfide :

Je crains un peu de vous fâcher ;

Mais je croirois affez que la Philofophie ,

Libre de toute paffion ,

Peut aifément paller la vie

Sans amour , auffi bien que fans ambition.

L'amour le plus pur , dit le fage ,

Eft lui-même une illufion.

Dans le cœur qui lui rend hommage

Vous trouverez toujours d'heureufes qualités :

Mais

Mais il produit souvent d'horribles cruautés,
  Et plus d'un effrayant orage ;
C'est un excès enfin. Je fais un bien plus doux,
  C'est l'aimable & tendre habitude
Qui, sans tous ces transports & cette inquiétude,
  Unit deux vertueux Epoux ;
  Sentiment bien plus desirable,
  Plus vrai, plus parfait, plus durable
Qu'un accès effréné, violent & jaloux.
  Mais Laïs ne comprenoit guere
Le sens de ce discours ; pouvoit-elle sentir
  Ce que c'est que le vrai plaisir ?
  Il faut une ame moins vulgaire
  Pour goûter un tel entretien,
  Et le Philosophe vit bien
  A qui lors il avoit affaire.
  Elle crut fort le rabaisser,
  En le trouvant froid comme glace ;
  Lui, bien loin de se courroucer,
  Je dois, dit-il, vous rendre grace.
S'il est grand, s'il est beau de régner sur ses sens,
Jouirions-nous, hélas ! d'un moins noble partage,

L

Si nous pouvions tous être exemts

D’un combat où toujours on n’a pas l’avantage?

Il eſt, comme vous, mille gens

Qui n’ont jamais cru davantage

Aux ſublimes efforts du Sage.

Si je ſuis tel que vous penſez,

J’aurai ſans doute moins de gloire,

Et je n’aurai jamais l’honneur de la victoire.

J’en ferai plus tranquille; & n’eſt-ce pas aſſez

De jouir du repos? Mais eſt-ce une chimere

Que la vertu? dites-le moi.

J’imaginois de bonne-foi

Des hommes dont le caractere

Sût oppoſer à leurs penchans

Le triomphe des ſentimens.

Il en eſt, croyez-moi; les foibleſſes honteuſes,

Les vices les plus obſtinés

Marquent des ames pareſſeuſes,

Et logent dans des corps toujours efféminés,

Et que ſubjugue la molleſſe.

A force de céder on eſt toujours vaincu,

Et c’eſt la pureté qui nourrit la vertu.

On peut, en combattant sans cesse,
Et fuyant toutefois des objets dangereux,
S'élever jusqu'à la sagesse,
Et se sentir vraiment heureux
De sa propre délicatesse,
Conserver enfin sa tendresse
Pour un cœur simple & généreux.
Adieu, Madame; je vous laisse.
Vivez en paix, ayez des mœurs :
Elles épurent le génie,
Adoucissent sur-tout, malgré bien des malheurs,
Les amertumes de la vie.
Ce discours à Laïs parut un peu brutal,
Et le Sage un original.

# SOCRATE,
## *ET ALCIBIADE.*

LE vif & souple Alcibiade
A Socrate un jour demandoit :
Qu'est-ce que la vertu, dont nous faisons parade,
Que nous définissons chacun comme il nous plaît,
Qu'on ne voit que chez vous, tout au plus dans
    l'histoire,
        Dans ces archives de la gloire,
        Que je soupçonne avec douleur
        De n'être qu'un roman trompeur ?
La vertu, croyez-moi, n'est pas une chimere,
Disoit le bon Socrate au jeune Athénien ;
        Ce n'est qu'en pratiquant le bien,
        Que l'on prend du goût a bien faire.
La sagesse est toujours nécessaire à nos cœurs,
Leur donne du ressort, enflamme le courage ;
Remplissez vos devoirs, vous aurez l'avantage
D'y sentir chaque jour de sectettes douceurs.

Eſſayez; vous êtes facile ,

Et, j'aime à le penſer, vous ſerez plus docile

Aux leçons de la vérité ,

Qu'aux maximes du vice & de la vanité.

Soyez bon, équitable , intrépide & ſincere.

Il eſt de ce grand caractere

Plus d'un exemple parmi nous.

Mon cher Alcibiade , il ne tiendra qu'à vous

D'égaler ces hommes ſublimes.

La ſimplicité de leurs mœurs

Eleve ces cœurs magnanimes

Qui bravent nos triſtes erreurs ,

Et juſques ſous le dais vont effrayer les crimes.

Si j'oſois citer votre ami ,

On le hait, on le perſécute;

Depuis longtemps il eſt en bute

Aux traits du Vulgaire ennemi.

Socrate eſt toujours ferme ; & ce qui le conſole

Des outrages cruels de ce peuple frivole ,

Ce qui le rend heureux parmi tant de revers,

C'eſt la paix de ſa conſcience.

Il préfere, quoi que l'on penſe,

Aux louanges de l'univers

Le fentiment flatteur de fa douce innocence.

On peut fouffrir dans l'opulence ;

On peut bénir fon fort dans l'exil , dans  les fers.

Défiez-vous de l'apparence ,

Et n'eftimez plus tant un hommage mortel ;

Etouffez un orgueil futile & criminel.

Songez à mériter une autre récompenfe ,

Et les regards de l'Eternel.

# LES ECOLIERS,

## *ET LA BOULE DE NEIGE.*

DEs Enfans fortoient du College.
On étoit en hiver, & , malgré le Pédant,
La balle s'émancipe, & courant fur la neige,
Chacun vous en ramaffe, & s'en fert à l'inftant.
Boules de fe former, de voler au plus vîte

  Des mains de l'engeance maudite ;

  Tant pis pour le premier Paffant.

  Las enfin de jeter fans ceffe ,

Un de nos Ecoliers, pour varier le jeu,

  Dit à fon voifin : vois un peu ,

  Toi qui nous vantes ton adreffe ,

Vois ce globe de neige : il eft de ma façon ;

  Pourrois-tu le rendre plus rond ?

  L'autre effaie & prétend mieux faire ;

  Puis un troifieme poliffon

  Se moque, & d'un air de myftere

Prend la boule à fon tour ; la voilà bien. Oh! non ;

Lui répond en riant un autre fanfaron,

    Qui plus que perfonne s'empreffe,

Et s'empare du globe, & le tourne & le preffe,

Tant qu'enfin le chef-d'œuvre entre fes doigts fe

   fond.

      L'ouvrage le plus énergique,

Bien penfé, bien écrit, élégant, régulier,

    Se fondroit ainfi tout entier

    Entre les mains de la Critique *.

---

* Quelqu'un me difoit : l'application eft jufte ; mais je ne fais fi d'autres que vous l'euffent trouvée. Cette remarque me fait imaginer une queftion : les fables dont la morale faute aux yeux, fans qu'on l'ait exprimée, font-elles plus de plaifir que n'en cauferoient celles où l'on trouveroit une application jufte, mais imprévue ?

# LES DEUX MOINEAUX,

## *ET LE PIGEON.*

DEux pétulans Moineaux, hôtes d'un colombier,

Commenfaux des Pigeons, partageoient leur afyle;

Et ce peuple doux & facile

Accueilloit, chaque jour, le couple familier.

Un jeune & beau Pigeon alloit fuivant fans ceffe

Une blanche Colombe, objet de fa tendreffe.

Vous êtes malheureux, lui dit l'un des Moineaux.

Vous êtes ridicule, ajoûte fon confrere ;

Volez à chaque inftant à des plaifirs nouveaux ;

Comme nous, aimez fans myftere,

Ou bien attendez-vous à fouffrir mille maux.

Qui ? moi ! que je fois infidèle !

Quand des Colombes la plus belle

Approuve & partage mes feux !

Voudrois-je lui caufer une douleur mortelle ?

Et pourrois-je vivre fans elle ?

Ah ! de tous les Pigeons je fuis le plus heureux.

M

Le ridicule envain se flatte qu'il m'offense.

Mais les Moineaux de l'inconstance
Célébroient toujours la douceur,
Traitant de sottise & d'erreur
Du Pigeon la persévérance.

Ils s'en moquerent tant, que de son innocence
Le couple méchant fut vainqueur.

Le Pigeon fut enfin dupe de leur malice;

Il quitta la Colombe, & perdit le bonheur.
Sans goût il tomba dans le vice,
Uniquement par point-d'honneur.


L'exemple est dangereux; on n'y résiste guere,
Y fût-on même peu porté.
Au jeune âge sur-tout l'on fait par vanité
Ce qui répugne au caractere.

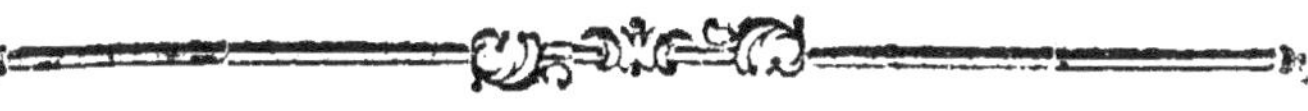

# LE SINGE,
## *ET LA LICE.*

AUTREFOIS chez un Philofophe,
Homme lettré, profond & d'une rare étoffe,
    Logeoit, mangeoit Meſſer Bertrand,
    Singe fameux en ſon vivant.
    Or l'animal ſe vantoit d'être
    Non moins habile que ſon Maître.
    Il entroit dans le cabinet,
    Ouvroit les livres, feuilletoit,
    Puis à travers le microſcope
    Le magot curieux lorgnoit,
    Uſoit même du téleſcope,
Prétendoit lire aux Cieux, & tirer l'horoſcope.
    Avec emphaſe il ſe prônoit,
Brouilloit tout, gâtoit tout; & ſouvent l'on battoit
    L'ingénieux & grand artiſte,
    Le poëte & le moraliſte,
    Bertrand, le Sage univerſel,

M ij

Auteur charmant & plein de sel,

Et, qui plus est, souffleur chymiste.

Il étoit tout & rien, Chryfologue nouveau ;

Et rien ne guériffoit fes tranfports au cerveau.

Dans la même maifon, une Lice tranquille

Nourriffoit fes petits, défendoit leur afyle,

Ecartoit Dom Bertrand, le mauvais garnement ;

La Lice enfin vaquoit à fon petit ménage,

Faifoit en paix fon tripotage,

Et du Singe plaignoit le fol entêtement.

Elle favoit encore à fon Maître complaire,

Mettre en fuite les chats gloutons,

Et toute efpece de larrons.

Ses foins, chaque journée, amenoient fon falaire ;

Os de poulets, os de pigeons,

Avec bien d'autres rogatons.


Des fimples chériffons la fublime ignorance ;

Et dédaignons l'impertinence

D'un peuple de petits Docteurs

Qui n'ont que du jargon fans mœurs.

A Socrate laiffons nous autres la fcience ;

Elle convient à peu de gens.
N'ayons que de l'indifférence
Pour tous les frivoles talens.
Remplissons nos devoirs avec persévérance;
Ils sont écrits au fond des cœurs.
Ne cherchons le bonheur qu'au sein de l'innocence;
Le desir de savoir entraîne mille erreurs ;
Et, malgré ces Arts qu'on nous vante,
L'étude vraiment importante
Est celle qui nous rend meilleurs.

# *EMILE,
## *ET LE SATRAPE.*

Des Rois & des Bergers la Fortune se joue;
  Il suffit d'un tour de sa roue.
  J'ai lu qu'un Satrape jadis,
  Nourri dans l'extrême mollesse,
  Perdit tout-à-coup sa richesse.
Il implora les Grands, recourut aux Petits;
Il essuya par-tout des refus, des mépris
  Et des affronts de toute espece.
  L'infortuné, dans sa détresse,
Eut beau payer les gens du peu qui lui restoit;
Le Financier, son Suisse & sa maitresse encore,
  Et les encenser, qui pis est;
On ne prit à son sort qu'un stérile intérêt.
  Plein du chagrin qui le dévore,
  Il va maudissant son destin,

---

* On connoît l'Emile de Jean-Jacques Rousseau.

Lorſqu'il fait rencontre en chemin

D'un jeune homme au teint frais, à la démarche vive,

Un air ſimple & content ; c'étoit Emile enfin.

Le Satrape l'aborde , & d'une voix plaintive

　　Il lui raconte ſes malheurs ,

　　Non ſans répandre quelques pleurs.

Vous ne m'étonnez point , lui dit le bon Emile ;

Moi-même, comme vous, je fus riche autrefois ,

Et j'ai ſubi du ſort les rigoureuſes loix.

　　Hélas ! ici tout eſt mobile

　　Et dans un flux continuel.

　　Toutefois je rends grace au Ciel.

J'eus un Maître chéri ; c'étoit plutôt un Pere ,

　　Il me tint lieu de l'Auteur de mes jours.

　　Son zele & ſes ſoins pour toujours

　　M'ont armé contre la miſere.

Il exerça mon corps, il forma mon eſprit ;

Et , prévenant du ſort la fatale inconſtance ,

　　Sans tant de myſtere , il m'apprit

A trouver en tous lieux la paix & l'abondance ,

A conſerver l'honneur avec la probité.

Mes bras m'ont ſecouru dans la néceſſité ,

Sans manege, fans impofture.

Rapprochons-nous de la nature

Pour écarter la pauvreté.

Venez, partagez mon afyle,

Bravez les préjugés, & devenez tranquille.

Pourquoi d'un fimple menuifier

Dédaigneriez-vous le métier?

Vous n'étiez qu'un Seigneur; vous fortez de l'ivreffe,

Soyez homme; vivez honnête & fans baffeffe,

Au lieu de foupirer fans ceffe

Après un faux bonheur, & qui d'ailleurs n'eft plus,

Chaffez des regrets fuperflus.

Travaillons. Vous avez rampé fans affiftance,

J'ai vécu dans l'indépendance :

Sans vous reprocher rien, lequel des deux partis

Eft le plus noble, à votre avis?

Le Satrape fuivit ce confeil falutaire :

Il embraffa fon hôte, il apprit fon métier;

Il eut bientôt le néceffaire,

Et ne voulut plus mendier.

# LE BOURGEOIS,

## *ET LA COLONNE DE MARBRE.*

Certain Bourgeois vint à la Cour,
Curieux de voir ce séjour.
De marbre un superbe portique
S'élevoit au fond d'un jardin,
Et le Bourgeois, assez rustique,
Admire une colonne, il y porte la main.
Le poli de ce marbre & sa hauteur extrême
Lui donnent du plaisir & de l'étonnement.
Tandis qu'il s'extasie & raisonne en lui-même,
Le pied glisse au pauvre homme : il tombe lourde-
ment ;
Son front va heurter la colonne.
Le Bourgeois, fort blessé, se plaint amèrement :
Si vous êtes polis, vous êtes durs vraiment,
O marbres orgueilleux, que l'éclat environne !
Adieu donc, je pars dès ce jour,
Et ne reviens plus à la Cour.

N

# LE ROSIER,

## *ET LES TULIPPES.*

L E jardinier Robert aimoit fur toutes chofes
Les Rofes,
Et le bon-homme avoit un foin particulier
De fon Rofier.
J'aime fort la Rofe moi-même :
Mais Robert, je l'avoue, avoit un tort exrtême.
Il négligeoit les autres fleurs,
Qui fouvent du Soleil reffentoient les ardeurs.
A Robert fuccede Philippe,
Qui préfere à tout la Tulippe.
Tulippes donc vantoient le nouveau jardinier;
Il étoit haï du Rofier.
Ah! difoit celui-ci, Robert étoit un homme!
J'étois arrofé le premier.
Tulippes répondoient: votre difcours affomme,
Non, jamais fous le Soleil
( De mémoire de Tulippe )
On ne vit homme pareil
Au grand jardinier Philippe.

# LE RUISSEAU.

UN Ruisseau parcouroit une plaine fleurie ;
Dans ces lieux enchantés il prolonge son cours,
    Y fait mille & mille détours,
    Et quitte à regret la prairie.
Il va couler plus loin parmi d'affreux rochers ;
    Au lieu des Zéphyres légers
    Qui flattoient doucement son onde,
L'Aquilon, échappé de sa grotte profonde,
    Agite & trouble sa belle eau.
    Toujours allant, notre Ruisseau
    Rencontre une Cité superbe ;
Il la traverse, en sort, & retrouve de l'herbe:
Il voit en son chemin de tranquilles hameaux,
    Il baigne de riants côteaux,
Il s'égare au milieu d'un désert effroyable,
    Puis il vient établir son lit
Sous un ombrage frais, séjour bien plus aimable.

Bientôt il erre sur le sable ,
Enfin l'Océan l'engloutit.
Un Vieillard l'autre jour me faisoit ce récit ;
Ne vaut-il pas bien une fable ?

# L'AMOUR,

## *ET L'AMITIÉ.*

*A Mademoiselle de F........*

TENDRE amitié, couronne cet ouvrage.
L'amour, hélas! n'eſt qu'une erreur,
Et l'amour même le plus ſage.
Amitié, don du Ciel! prête-moi ton langage,
Sur mes vers répands ta douceur.
Viens, fais agréer mon hommage
A l'aimable Daphné; Daphné, dont la candeur,
Les graces, les vertus ont ſoumis plus d'un cœur.
Elle inſpire l'amour, & ne veut point l'entendre.
Son cœur pourtant eſt vif & tendre;
Mais à l'amitié ſeule il borne tous ſes vœux.
J'y borne auſſi les miens, elle ſeule m'enflamme.
Quand c'eſt Daphné qu'on aime, ( ah! je connois
son ame. )
On eſt toujours ſûr d'être heureux.

Souffrez qu'en cette allégorie,

Daphné, j'en dife la raifon.

J'en demande pardon à votre modeftie;

Je lui fais une trahifon.


Que vous me femblez raviffante!

Difoit à l'Amitié le jeune & tendre Amour.

D'où vous vient, dites-moi, cette grace touchante,

Et qui vous rend, ma Sœur, plus belle que le jour?

Quel front noble & ferein ! quelle douceur extrême

Tempere votre auftérité !

Pour mieux charmer, en vérité,

L'Amour voudroit être vous-même.

Si vous me trouvez tant d'appas,

Lui répond l'Amitié, je les dois, ô mon frere,

A l'aimable Vertu, qui dirige mes pas,

Et qui feule à mon cœur fait plaire,

Comme auffi par elle je plais.

Pour briller de tous mes attraits,

Rendez hommage à la fageffe.

Paré de fa délicateffe,

Vous ferez plus sûr de vos traits.

Vous, Daphné, qu'il faut que l'on aime
Dès l'inftant que l'on vous connoît,
Envain dit-on que l'intérêt
Se gliffe dans l'amitié même;
Trifte & décourageant fyftême.
De ce principe rebattu
Qui vous aime voit l'impofture,
Et fent que l'intérêt d'une amitié fi pure
N'eft que celui de la vertu.

# POEME CHAMPÊTRE.

## LYSIS ET THÉMIRE.

*A Madame L . . . de L . . . .*

Muse aimable, qui de la Ville
Dédaignant la mollesse & les riches lambris,
Viens errer dans ce bois solitaire & tranquille;
Toi, qui d'un pied léger foules ces près fleuris;
Pour chanter Lysis & Thémire,
Muse charmante, inspire moi
Un air digne d'eux & de toi,
Et qu'Hélene sur-tout honore d'un sourire.
Amene par la main dans ces champêtres lieux
Tes chastes & douces compagnes,
Les Graces, l'Innocence, amantes des campagnes;
Amene les Ris & les jeux.

Il étoit nuit. La lune, à travers les feuillages,
Mêloit aux sombres des bocages

Sa douce & tremblante clarté.

Le silence de la Nature,

Par Zéphyre même imité,

Inspiroit je ne sais quelle volupté pure.

Sous un chêne, sur la verdure,

Seul & couché nonchalamment,

Lysis, le beau Lysis rêvoit profondément.

Il savoit plaire sans parure ;

Les boucles de ses blonds cheveux

Se disperfoient à l'aventure.

L'Amour alloit combler ses vœux.

De tous les Bergers du Village

Demain, dit-il, demain je suis le plus heureux ;

Et c'est Thémire qui m'engage :

Son cœur sensible & généreux ,

Ses graces, sa candeur, sa timide innocence,

Thémire enfin de mes soins, de mes feux

Demain sera la récompense,

Tu seras toute à moi. Le pigeon inconstant

Quittera désormais sa compagne fidele,

Avant que j'oublie un instant

De nos Bergeres la plus belle.

O

Ma Thémire! un sommeil paisible & gracieux
       Maintenant ferme tes beaux yeux.
Ils vont s'ouvrir plus doux, plus brillans que
     l'aurore.
Viens partager, auprès du Berger qui t'adore,
       Le spectacle délicieux
       De tous ces astres radieux :
      Viens embellir cette nuit ravissante.
       Tout ici respire la paix ;
Les éclats de la joie auroient biens moins d'attraits.
Je commence à jouir : je crois voir mon amante.
Oh ! que ta modestie & ta simplicité
Relevent tendrement l'éclat de ta beauté!
Que de charmes puissans ta vertu fait éclore!
Elle anime ces traits, ce regard séduisant ;
      Thémire, elle ennoblit encore
      Ce maintien si doux, si touchant !
      Ah ! laisse aux Belles de la Ville
      Tous leurs frivoles ornemens :
      Tes appas & tes sentimens
      Eclipsent un art inutile,
      Et ces honteux déguisemens.

Moment de douleur & de joie,
Où mes yeux s'éteignoient inondés de mes pleurs !
Je déplorois le plus grand des malheurs,
Lorfqu'un Dieu vers Lyfis t'envoie :
Un Dieu confolateur te guidoit fur mes pas.
Je pleurois mon vieux pere .... Il n'étoit plus, hélas !
Tu me trouvas dans ce bocage ;
Ta main daigna, Thémire, effuyer mon vifage.
Je fentis mon cœur s'envoler,
Le plaifir renaiffoit dans mon ame charmée :
A peine pouvois-je parler ;
Dès-lors je fus à toi. Garde, ma bien-aimée,
Un cœur né pour chérir à jamais tes vertus.
Thémire, j'ai le tien : que voudrois-je de plus ?
Et vous, croiffez, rofes charmantes ;
Sa belle main vous cueillera,
Tandis que la mienne ofera
Orner fes beaux cheveux de vos couleurs brillantes,
Que par un doux retour Thémire embellira.


O Terre natale & chérie !
Heureufe & tranquille Patrie !

Que vos ombrages frais protegent , tous les jours ,

  Nos pures & tendres amours.

  Soit que la naiſſante verdure

  Rappelle Flore & le Printemps ,

Que Cérès de ſes dons vienne enrichir nos champs ,

Ou que Vertumne enfin , précédant la froidure ,

  Nous offre ſes fruits colorés ;

Aimables lieux , toujours vous ſerez préférés.

Quand l'hiver reparoît & glace la nature ,

Elle a d'autres appas du Vulgaire ignorés.

Le cryſtal des rameaux , ces longs tapis de neige ,

Où perce quelquefois un gaſon verdoyant ,

Et nos fêtes du ſoir , ſimple & riant cortege ,

Ne ſont pas ſans attraits pour un cœur innocent.

Quand nous approcherons du terme de la vie ,

Que la mort à la fois nous enleve tu deux.

  Si le temps modere nos feux ,

Ils ne s'éteindront point dans notre ame ravie ,

Et leur doux ſouvenir prolongera le cours

  De nos plaiſirs , de nos beaux jours.

Commençons à goûter le bonheur véritable.

Viens , objet adoré ; peut-être un ſonge aimable

A mis à tes genoux le plus vrai des Amans.

Quand Morphée assoupit tes sens,

Ton cœur veille pour moi : je connois bien ton ame;

J'en juge par la mienne. Accours, & de ma flamme

Juge aussi par tes sentimens.


Un léger bruit se fit entendre,

Et suspendit les transports de Lysis....

Il regarde.... Qu'Amour est tendre!

Qu'il est ingénieux! Thémire suit Cloris,

Cloris, son amie & sa mere,

Dont elle tient la main. Je vais te rendre un Pere;

Dit Cloris au Berger. L'Amour, Thémire & moi,

Nous t'avons ménagé cette douce surprise.

Il est temps d'être heureux, viens engager ta foi:

Prends cette main, mon fils; ta mere l'autorise.

De Thémire c'étoit la main.

Thémire l'abandonne, & rougit, mais en vain.

On retourne au hameau; tous trois pleins d'allé-
gresse

Marchent avec lenteur, tantôt avec vîtesse,

Toujours serrés étroitement,

Sous les ceintres fleuris de ce féjour charmant.

On arrive à l'humble demeure,

Et le vieux Philémon les embraffe fur l'heure.

Mes enfans, leur dit-il, quel inftant pour mon cœur !

Il les unit alors, & tous, pleins de ferveur,

Elevent vers le Ciel leurs yeux & leur priere.

Méritez jufqu'au bout la divine faveur,

Reprenoit Philémon d'un air tendre & févere.

O Mort ! tu peux fermer ma débile paupiere ;

J'ai fenti, j'ai goûté la joie & le bonheur.


L'Amour & l'Hymen de leurs ailes

Couvrirent les jeunes Epoux.

O Cœurs fenfibles, cœurs fideles,

Vous concevez des biens fi doux !

Ces deux Divinités leurs flambeaux réunirent ;

Toutes deux ne les éteignirent,

Que pour faire paffer leurs feux les plus ardens

Au fein de ces heureux Amans.

On vit le lendemain Lyfis avec Thémire

Brillans comme l'aftre du jour ;

La volupté fembloit fourire

Dans leurs yeux , fur leur bouche , animés par

l'amour.

A Thémire , au fon des Mufettes ,

Les Bergers offrirent des fleurs.

Lyfis reçut auffi ces champêtres honneurs ;

Les belles du Canton, en ce jour moins difcrettes,

Vinrent toutes l'environner ,

Et du myrte amoureux il fe vit couronner.

Philémon & Cloris crurent que l'Hyménée

De leurs nœuds folemnels ramenoit la journée.


Temps fortunés des fimples mœurs ,

C'eft ainfi que jadis vous unifliez les cœurs.

Age charmant, n'êtes-vous qu'une fable :

Ah! pour vous faire naître, il faudroit vous aim...

Mais l'intérêt infatiable ,

Et qui feul peut nous enflammer ,

Etouffe chaque jour ( vainement j'en murmure)

La douce voix de la nature.


O Vous, qui favez tout charmer :

Vous, que l'on respecte & qu'on aime,
Et dont on ne peut exprimer
Les graces, la vertu suprême;
Hélene, daignez accepter
Ce foible, mais sincere hommage.
Heureux si je puis mériter
Votre estime & votre suffrage!


# FIN.

# TABLE.

## *APPROBATION.*

J'Ai lu, par ordre de Monſeigneur le Chancelier, un Manuſcrit ayant pour titre *le Songe d'Irus,
ou le Bonheur, ſuivi de Silveſtre, Conte en Proſe,
de quelques Apologues*, &c. & je n'y ai rien trouvé
qui puiſſe en empêcher l'impreſſion. A Paris, ce
13 Novembre mil ſept cent ſoixante-neuf.

MARCHAND.

## *PRIVILEGE.*

LOUIS, par la grace de dieu, Roi
de France et de Navarre. A nos amés
& féaux Conſeillers, les Gens tenans nos
Cours de Parlement, Maîtres des Requêtes
ordinaires de notre Hôtel, Grand Conſeil,
Prévôt de Paris, Baillifs, Sénéchaux, leurs
Lieutenans Civil, & autres nos Juſticiers
qu'il appartiendra. Salut : Notre amé le
ſieur J. P. Costard, Libraire, Nous a

6

fait expofer qu'il defireroit faire imprimer
& donner au Public: *le Songe d'Irus, ou le
Bonheur, Conte en Vers, à Jean-Jacques Rouf-
feau, fuivi de Sylveftre, Conte en Profe, de
quelques Apologues* &c. s'il nous plaifoit lui
accorder nos Lettres de Permiffion pour ce
néceffaires. A ces Causes, voulant favo-
rablement traiter l'Expofant, Nous lui
avons permis & permettons par ces préfentes, de faire imprimer ledit Ouvrage
autant de fois que bon lui femblera, & de
le faire vendre & débiter par tout notre
Royaume pendant le temps de trois années
confécutives, à compter du jour de la date
des Préfentes. Faisons défenfes à tous Imprimeurs, Libraires, & autres perfonnes,
de quelque qualité & condition qu'elles
foient, d'en introduire d'impreffion étrangere dans aucun lieu de notre obéiffance.
A la charge que ces Préfentes feront
enregiftrées tout au long fur le regiftre de
la Communauté des Imprimeurs & Li-

braires de Paris, dans trois mois de la date d'icelles, que l'impreſſion dudit Ouvrage ſera faite dans notre Royaume, & non ailleurs, en bon papier & beaux caracteres ; que l'Impétrant ſe conformera en tout aux Réglemens de la Librairie, & notamment à celui du 10 Avril 1725, à peine de déchéance de la préſente Permiſſion ; qu'avant de l'expoſer en vente, le Manuſcrit qui aura ſervi de copie à l'impreſſion dudit Ouvrage, ſera remis dans le même état où l'Approbation y aura été donnée, ès mains de notre très-cher & féal Chevalier, Chancelier Garde des Sceaux de France, le Sieur DE MAUPEOU ; qu'il en ſera enſuite remis deux Exemplaires dans notre Bibliotheque publique, un dans celle de notre Château du Louvre, & un dans celle dudit Sieur DE MAUPEOU ; le tout à peine de nullité des Préſentes. Du contenu deſquelles vous mandons & enjoignons de faire jouir ledit Expoſant & ſes ayans cauſe, pleinement & paiſiblement, ſans ſouffrir qu'il leur foit fait aucun trouble ou empêchement. Voulons qu'à la copie des Préfentes, qui fera imprimée tout au long au commencement ou à la fin dudit Ouvrage, foi foit ajoutée comme à l'original. Commandons au premier notre Huiffier ou Sergent fur ce requis, de faire pour l'exécution d'icelles tous actes requis & néceffaires, fans demander autre permiffion; & nonobftant clameur de haro, charte Normande, & Lettres à ce contraires; CAR tel eft notre plaifir. DONNÉ à Fontainebleau le mercredi vingt - cinq jour du mois d'Octobre, l'an mil fept cent foixante-neuf, & de notre regne le cinquante-cinquieme. Par le Roi en fon Confeil.

LE BEGUE.

*Regiftré fur le regiftre XVIII de la Chambre Royale & Syndicale des Libraires & Imprimeurs de Paris, N°. 849 fol. 30 conformément au Réglement de 1723. A Paris ce 31 Octobre 1769.*

BRIASSON, *Syndic.*

www.ingramcontent.com/pod-product-compliance
Lightning Source LLC
LaVergne TN
LVHW012336170726
843503LV00002B/854